AF145134

Beate Verena Schmittke wurde im Februar 1952 als Junge geboren. Sie versuchte, das Leben als Mann so gut wie möglich mit Ehe und Kindern zu meistern, ohne dass das wahre Ego erkannt werden durfte. Sie ist von Beruf Wirtschaftsinformatikerin, glücklich verheiratet und stolz auf zwei wohlgeratene Söhne. Ihre Liebe gehörte immer der Kunst. Bühnenauftritte begleiten ihr Leben, ob solo, mit Bands, im Musical oder mit Travestie bzw. Parodie. Zehn selbst verfasste Verse nach Hildegard Knefs "Von nun an ging's bergab" geben diesem Buch den Rahmen.

Von nun an ging's...

Die Geburt eines Schmetterlings

Bibliografische Information der Deutschen Nationalbibliothek:
Die Deutsche Nationalbibliothek verzeichnet diese Publikation in der Deutschen Nationalbibliografie; detaillierte bibliografische Daten sind im Internet über http://dnb.dnb.de abrufbar.

TWENTYSIX – Der Self-Publishing-Verlag
Eine Kooperation zwischen der Verlagsgruppe Random House und BoD – Books on Demand

Umschlaggestaltung: Laura Decker

Herstellung und Verlag:
BoD – Books on Demand, Norderstedt

ISBN: 978-3-740-71331-7

Mein Leben: im männlichen Körper geboren und der späte Schritt zum Leben als glückliche Frau!

Mit diesem Buch möchte ich all jenen, die neugierig auf das Leben von Menschen im „falschen Körper" sind, aufzeigen, wie mein Leben verlief, die ich in eine Zeit geboren wurde, in der in jungen Jahren nur ein Leben im Rotlicht-Milieu möglich war – oder man wie ich versucht hat, die Transsexualität zu unterdrücken in der Hoffnung, sie möge von allein wieder vergehen, wenn man sie lange genug einsperrt.

Außerdem möchte ich aber auch all jenen, die einen ähnlichen Weg noch vor sich haben, Hoffnung geben, dass es nie zu spät ist, ins richtige Leben zu finden.

Dem Buch liegt als Rahmen der Hildegard-Knef-Song „Von nun an ging's bergab" zu Grunde, den ich auf mein Leben umgetextet und erweitert habe. Diesen Song trage ich auch gerne im Rahmen meiner musikalischen Auftritte vor.

Für die drei Punkte im Titel „Von nun an ging's..." möchte ich ausdrücken, dass mein Leben nicht nur abwärts – wie in Hildegard Knef's Song - sondern auch aufwärts verlief.

Im ersten Abschnitt ging es mit meinem Leben trotz vieler angenehmer Höhepunkte eher bergab, weil in mir – häufig unterdrückt – ein Feuer schwelte, das irgendwann auch in Flammen stehen sollte. Doch dazu benötigte es fünfzig Jahre, bis ich bereitet war für den zweiten Abschnitt: mein Leben als Frau, die schon immer in mir eingesperrt war und nur darauf wartete, sich endlich zeigen zu können.

Ein stürmischer Anfang

Es war ein Montagabend Anfang Februar im Jahre 1952. Die Bühne war bereitet. Über dem sonst so lieblichen milden unteren Maintal entlud sich gerade ein heftiges Schneegewitter. Da spuckte die Welt ein kleines rothaariges Mädchen aus; 52 cm groß und sieben Pfund schwer. Die Mutter war über das gesunde Baby sehr glücklich und gab ihm den Namen „Bruno".

1.	*Ich kam im kältesten Winter zur Welt,*

	mein Vater hatte sich ´ne Tochter bestellt

	Doch das Mädchen hatte ein Schwänzelein

	und rote Haare noch obendrein.

	Von nun an ging's bergab

	(1952 bis 1955)

Hoppla!

Wieso „Bruno"?

„Bruno" – das ist doch ein männlicher Vorname!

Tja! Da genau hat die Natur in einer Laune den Fehler begangen: das Mädchen hatte ein paar Zentimeter zuviel zwischen den Beinen. Und diese sollten viele, viele Jahre sein Leben prägen und ihm zahlreiche Hürden in den Weg stellen. Ein Weg voller Steine, aber auch sehr schöner Momente.
Nachdem schon seit eineinhalb Jahren ein Stammhalter in der Familie war, hätten sich die Eltern sehr auf eine Tochter gefreut – aber die Mutter war auch so ganz zufrieden. Hauptsache gesund!
Anders der Vater!
Als er von der Arbeit kam, um seine sehnlich erwünschte Tochter zu begrüßen, empfing ihn die Hebamme mit den Worten: „Es ist wieder ein Bub, heißt Bruno, und rote Haare hat er auch noch!".
Damit war der Vater erst einmal bedient. Er benötigte einige Monate, um damit fertig zu werden, dass die Natur ihm nicht das geschenkt hatte, was er sich so sehr gewünscht hatte. Er konnte ja nicht wissen oder erahnen, dass das Kleine in Wirklichkeit die erwünschte Tochter war. Diese Tatsache war nicht ersichtlich, denn da war ein Schwänzelein, das da nicht hingehörte.

Das beginnende Wirtschaftswunder

Da war ich also!

Bei meinem Vater muss die Enttäuschung über mich so groß gewesen sein, dass er mich lange abgelehnt hat. Entgegen der Freude nach der Geburt des Stammhalters („Schau mal, wie schön der drücken kann") kamen über mich nur Äußerungen von ihm wie: „Der Kerl stinkt!". Meine Mutter erzählte mir Jahre später, dass mich mein Vater erst akzeptiert hatte, als mein erstes Wort, das ich sprach, „Papa" war.

In den ersten Jahren meines Lebens wurde ich immer gut gefüttert – erst wenige Jahre waren seit dem zweiten Weltkrieg vergangen, und es könnten ja wieder schlechte Zeiten kommen. Es war die Zeit des beginnenden deutschen Wirtschaftswunders. Und das sah man auch mir an: irgendwann schlug der Speck an meinen Beinen Falten! Hier wurde wohl schon der Grundstein gelegt, dass ich um zuzunehmen nur ein gutes Kochbuch durchblättern brauche.

Nachdem sich aber der Speck etwas verwachsen hatte, wurde aus mir ein recht ansehnliches Kind – die Haare ordentlich militärisch kurz geschnitten, wie sich das für einen Buben gehört. Niemand sollte auf die Idee kommen, ich sei ein Mädchen – das war ich körperlich ja auch nicht – obwohl, ich hatte schon immer sehr weiche Gesichtszüge wie ein Mädchen, und bekam dies auch häufig zu hören – auf hessisch: „Wie e Määdsche!".

2. *Im Kindergarten beim Märchenspiel:*

Schneewittchen spielen war mein Ziel

Doch war ich ein Knabe und außerdem klein,

drum durfte ich nur der siebte Zwerg sein.

Von nun an ging's bergab

(1955 bis 1964)

Erste Anzeichen

Meine Eltern ließen keine Situation aus, mir und anderen zu erzählen, dass ich ja ein Mädchen hätte werden sollen. Diese Aussagen empfand ich damals sehr unangenehm und war auch sehr verunsichert. War ich jetzt ein Bub oder ein Mädchen? Aber Mädchen haben doch keinen Pippi – ich hatte aber doch so ein Ding. Also war ich doch ein Junge!

Im Gegensatz zu manch anderen Transsexuellen, mit denen ich mich später unterhalten habe, war in den Kindheitsjahren nicht das Verlangen da, dass das Schwänzchen doch bitte abfallen möge, da es nicht zu einem gehörte. Das Schwänzchen war für mich einfach nicht wichtig – außer zum Pippimachen! Auch nach erster Aufklärung, dass es zwei Geschlechter gäbe, waren die Unterschiede für mich überhaupt nicht wichtig – es gab sie nur äußerlich.

Mädchen waren mir als Spielgefährtinnen ebenso lieb wie Buben – ja, damals sprach man noch von Buben und nicht von Jungs, zumindest nicht in meiner Umgebung und Mundart. Erste Anzeichen, dass ich ein „außergewöhnlicher" Bub war, zeigten sich darin, dass ich für das so schön fliegende Röckchen von Barbara schwärmte, einem sehr hübschen Mädchen, das mit mir im Kindergarten in der gleichen Gruppe war. Wollte ich in ihren Körper schlüpfen, so aussehen wie sie und all die schönen Sachen anziehen, die ein Mädchen trägt? Ich wäre selig gewesen.

Jedenfalls war es für einen Fünfjährigen ungewöhnlich. Meine Eltern registrierten meine ungewöhnliche

Schwärmerei, dachten sich aber nichts dabei. Für Sie war, ebenso wie für Andere, das Phänomen Transsexualität unbekannt – wie hätten sie auf die Idee kommen sollen, dass da etwas nicht stimmt.

Und wie toll erst hatte Annette als Schneewittchen ausgesehen – in ihrem weißen Kleidchen. Wie gerne hätte ich diese Rolle übernommen. Obwohl, bleiben wir mal ehrlich, ich hätte mich vermutlich nicht getraut – ich war ja schließlich ein „Junge" – und hätte mich geniert, in einer Mädchenrolle aufzutreten – wir schrieben die 1950er Jahre!

Meine Eltern waren beide sehr klein, meine Mutter 1,50 m und mein Vater war mit 1,64 m ebenfalls nicht gerade groß. Wie hätte ich als deren Kind ein Riese werden können, und so blieb für mich nur die Rolle des siebten Zwerges. Ich war ja auch ein Bub – es konnte ja keiner wissen, dass in mir etwas ganz anderes schlummerte.

Ja, die Mädchen hatten es mir schon immer angetan! Heute weiß ich, dass es immer schon zwei Gründe gab, warum ich auf ein schönes Äußeres bei Mädchen geachtet habe: erstens war ein hübsches Mädchen schön anzusehen, das ich einfach lieb haben wollte, zum zweiten hätte ich gerne selbst so ausgesehen – nicht als Junge, sondern als Mädchen! Nur das Bewusstsein darum war noch sehr weit entfernt, und ich musste erst die Frau in mir wirklich zulassen, um das zu erkennen.

Meine Eltern hatten zu dieser Zeit ein Café in Michelstadt, einer idyllischen Kleinstadt im Odenwald. Alle Gäste hatten mich zum „Knuddeln" gern und erlagen meinem Charme. Ich liebte es schon immer sehr, im Mittelpunkt zu stehen. Diese Eigenschaft – oder sollte ich stattdessen den Begriff Untugend verwenden – habe ich mir bis heute bewahrt.

Da die Eltern wenig Zeit hatten, wurden mein großer Bruder – mit Namen Kurt – und ich gerne an Bekannte „abgeschoben". Mal hatte eine Bedienung frei, die sich gerne mit uns beschäftigte, mal kümmerten sich Stammgäste um uns. Zudem waren wir sehr früh zu Selbständigkeit erzogen. Kurt und ich – wir waren unzertrennlich – zogen bald alleine los. Ein Kinder-Spielplatz war nicht weit, außerdem fanden wir immer unsere eigenen Spielplätze. Häufig waren wir mit einem Rudel anderer Kinder unterwegs. Fast niemand hatte Fernsehen, so entwickelten wir als Kinder stets neue Kreativität. Der Kirchplatz war noch nicht gepflastert. Dort gruben wir uns unsere Kuhlen, um Murmel („Klickern") zu spielen; darin war ich nicht einmal ungeschickt. Das altehrwürdige Rathaus diente uns als Spielplatz zum Fangen- oder Verstecksspielen. Noch heute denke ich gerne, wenn ich in Michelstadt bin, an diese Zeit, und wie schwer ich mich manchmal tat, die nicht mal einen Meter hohen Mauern der Rathaushalle zu erklimmen. Ich war nie besonders sportlich!

Damals konnten sich Kinder noch relativ gefahrlos in einer Kleinstadt auf die Straße begeben, es fuhren nur sehr wenige Autos. Das Schwimmbad lag damals außerhalb der Stadt, aber im Sommer, wenn das Wetter es zuließ, waren Kurt und ich dort. Auch Regen konnte uns Wasserratten nicht vom Schwimmbadbesuch abhalten.

Und so entfernten wir uns auch manchmal weiter als erlaubt von zu Hause weg. Dann kam es auch ab und zu vor, dass wir zu spät nach Hause kamen. In der Regel bekam dann Kurt als der Ältere den Ärger der Eltern zu spüren. Ich hatte hingegen das Glück, als Jüngerer weniger schuld zu sein, und mancher Klaps auf den Po ging an mir vorüber. Die frühe Ablehnung durch meinen Vater war längst Vergangenheit, und wir liebten uns sehr. Ich verehrte und vergötterte ihn über alle Maßen – den besten Papa der Welt. Und so setzte ich meinen Charme meinem Vater gegenüber ein, um bei Überschreitungen von Grenzen vor Bestrafung verschont zu werden.

Aber einmal hatte ich mich verrechnet! Ich hatte meinen Vater nach einer Unfolgsamkeit wieder einmal – wie üblich – angegrinst, in der Hoffnung, verschont zu werden. Dieses Mal kannte mein Vater aber kein Pardon und „versohlte" mir den Hintern (mit der bloßen Hand!), dass ich dies noch stundenlang spürte – das meiste davon war allerdings nicht der körperliche Schmerz, sondern mehr mein schlechtes Gewissen. Es war mir eine Lehre und blieb bis heute in meiner Erinnerung. Dennoch möchte ich betonen, dass ein Klaps auf den Po uns Kindern nicht schadete – man konnte hier nicht von Gewalt gegenüber Kindern sprechen. Im Gegenteil – eine andere Form der Bestrafung, wie Nichtbeachtung, Einsperren oder Hausarrest, wäre viel schlimmer gewesen.

Meiner Liebe zu meinem Vater schadete es jedenfalls nicht. Ich liebte ihn sehr bis zu seinem viel zu frühen Tod – er wurde nur 63 Jahre alt – und liebe ihn heute noch.

Ein andermal, als wir wieder über die Stränge geschlagen hatten, zog meine Mutter die Konsequenz, uns ohne Abendessen ins Bett zu schicken. In die Wohnung im ersten Stock gelangte man vom Konditoreiladen über eine Verbindungstür. Nachdem ich ein leichtes Hungergefühl verspürte, stellte ich mich an den oberen Treppen-

absatz und rief – im Laden gut hörbar – „Huuunger!",
worauf meine Mutter uns doch ein leckeres Abendessen
in die Wohnung brachte – aus Schamgefühl vor den
Kunden, nach dem Motto: „die Mutter lässt ihre armen
Kinder verhungern!". Diese Art der Bestrafung hatte ich
ein für alle Mal meinen Eltern „abgewöhnt"!

Anzugsordnung

Ich war nie bereit, irgendwelche Kleidungsstücke aufzu-
tragen, aus denen mein Bruder herausgewachsen war.
Häufig wollte ich mit meinem Bruder gleich eingekleidet
sein. Ich erinnere mich sehr gut an einen Kinderanzug
mit kurzer Hose, in dem mein Bruder und ein Jahr später
ich eingeschult wurden. Sie sahen gleich aus, aber jeder
hatte seinen eigenen. Fotos belegen dies. Es war nicht
ausschließlich mein eigener Wille, dass ich mit meinem
Bruder gleich eingekleidet sein wollte, sondern auch ein
Spleen meiner Mutter. Auch mussten wir als „Kinder von
Geschäftsleuten" immer schick sein und nicht wie „Bau-
ernbuben" herumlaufen. Ich möchte hier keinem Berufs-
stand zu nahe treten, aber so waren damals die allgemeinen Ansichten.
Mein Bruder war mir nicht nur mein bester Freund bzw.
Prellbock, wenn wir gemeinsam etwas „ausgefressen"
hatten, er war vor allem auch mein Beschützer! Der große
Bruder! Mir durfte keiner etwas antun. Wenn doch, hatte
derjenige nichts zu lachen. Wie gesagt, Kurt und ich waren auf uns alleingestellt, da unsere Eltern wegen des
Geschäftes sehr wenig Zeit hatten, und so übernahm
mein Bruder meinen Schutz, vielleicht auch ein bisschen

meine Miterziehung. Dafür bin ich ihm noch immer dankbar. Schade, dass wir heute nicht mehr den engen Kontakt zueinander haben, wie ich ihn mir wünschen würde. Wir haben uns eben auseinander gelebt – sowohl durch die räumliche Entfernung als auch durch meine Entwicklung und Veränderung.

Der erste große Auftritt

Als ich in der ersten Klasse eine schwere tuberkulöse Lungenentzündung bekam, hat mich meine Mutter liebevoll wieder hochgepäppelt, und das geschwächte unterernährte Kind war bald schon wieder übergewichtig. Jedenfalls wäre die sechswöchige Erholung im Alter von acht Jahren nicht mehr nötig gewesen.

Also reiste ich für sechs Wochen nach Tuttlingen. Schwester Helga, meine Betreuerin, hatte sofort einen Narren an mir gefressen, weil ich halt so ein lieber kleiner Kerl war. So hatte ich in der Fremde auch gleich einen Menschen, zu dem ich sofort Vertrauen geschöpft hatte; wir hatten uns einfach gern. Für mich war sie eine Erwachsene, obwohl sie damals auch noch keine 20 Jahre alt war.

Als es darum ging, ein Kind in dem AWO-Erholungsheim zu finden, das ein Gedicht aufsagen sollte, fiel unter Einfluss von Schwester Helga die Wahl sofort auf mich. Und so durfte ich auf Erholung als „Sonderprivileg" auch noch ein Gedicht auswendig lernen. Dazu hätte ich auch in die Schule gehen können! Das Gedicht wurde mir zum Lernen ohne Überschrift gegeben. Ich lernte es also ohne diese auswendig. Bei der Generalprobe kurz vor dem

Auftritt wurde mir dann noch schnell mitgeteilt, dass das Gedicht „Das Vermächtnis" heißt – prompt hatte ich die Überschrift dann beim Vortrag vor über fünfhundert älteren Menschen wieder vergessen. Dennoch war der Applaus überwältigend! Mein erster großer Bühnen-Auftritt war ein voller Erfolg!

Die Schulzeit

Die Volksschul-Jahre waren für mich mehr oder weniger mühelos. Die Fehlzeiten durch die schwere Krankheit im ersten Schuljahr machten mir nichts aus, da ich schon vor meiner Einschulung die Hausaufgaben mit meinem Bruder gemeinsam machte. Insgesamt tat ich mich mit dem Lernen sehr leicht, so dass einem Wechsel ins Gymnasium nichts entgegen stand. Dort war ich auf einmal angehalten, etwas für die Schule tun zu müssen. Mir fiel nicht mehr alles so einfach zu wie in der Volksschule. Deutsche Grammatik mit ihren lateinischen Begriffen und Englisch-Vokabeln zu lernen machten mir mehr Arbeit, als mir lieb war. Vor allen Dingen war dies mit Auswendiglernen verbunden, was mir wegen meiner Faulheit kein Vergnügen bereitete. Ich wurde zum mittelmäßigen Schüler!

Dann übernahmen meine Eltern eine Konditorei mit Café in Höchberg bei Würzburg, und wir zogen um – von Hessen nach Bayern – mit verschiedenen Schul-Systemen. Das Schuljahr begann jetzt nach den Sommerferien statt nach Ostern! Meine Eltern und ich fanden einen Schul-typ, der an die Struktur des Gymnasiums von Michelstadt anschließen konnte: die Röntgen-Oberrealschule in

Würzburg. Im Vorfeld hörte ich jedoch schon schlimme Aussagen über den Schliff an dieser Schule, und dass da sehr „gesiebt" werden würde. Unbeeindruckt dessen nahm ich diese Schule dennoch in Angriff. Mit dem Ergebnis, dass mich am dritten Tag keine zehn Pferde mehr zum Unterricht gebracht hätten. Folgendes war vorgefallen: eine Sekretärin brachte mich nach der Anmeldung am ersten Tag mitten in die Englisch-Stunde; da ich keinen Diener zur Begrüßung machte, sondern nur meine Hand gab, bekam ich meinen ersten Tadel. Danach beanstandete der Englisch-Lehrer meine angeblich ungeputzten Schuhe (ich musste an einer unasphaltierten Bushaltestelle aussteigen). Als drittes beschimpfte er mich als Lügner, nachdem ich ihm im Lehrbuch („Learning English", das gleiche wie in Michelstadt) gezeigt hatte, wie weit wir im Stoff waren; er hatte allerdings sein Gehirn ausgeschaltet und nicht bedacht, dass Hessen damals einen Vorsprung durch den früheren Schuljahresbeginn hatte. Dieser Lehrer hatte mein Gerechtigkeitsempfinden sehr verletzt.

Die Folge von diesem Vorfall war, dass ich zwar am nächsten Tag diese Schule noch besuchte; es stand kein Englisch auf dem Stundenplan. Am dritten Tag – ich hätte wieder eine Englisch-Stunde gehabt – habe ich dann all meine Kraft eingesetzt, meine Eltern davon zu überzeugen, nicht mehr in diese Schule zu gehen. Ich drohte gegebenenfalls mit Weglaufen. Mit meinen elf Jahren war ich in meinem Gerechtigkeitsgefühl so verletzt, dass meine Eltern ein Einsehen hatten und meinem Willen nachgaben.

Es gab auch noch einen Schultyp, der den Abitur-Abschluss auf anderem Weg ermöglichte: ein deutsches Gymnasium, das nach der sechsten Klasse in sieben Jahren zum Abitur führte. Bis dahin ging ich noch ein gutes Jahr auf die Volksschule.

Das Mathias-Grünewald-Gymnasium war ein musisches Gymnasium, in dem Klavier oder Geige als Pflichtfach vorgeschrieben war. Im Vorfeld dessen erhielt ich bereits ein Jahr vor dem Übertritt Klavierunterricht, so dass ich nicht „jungfräulich" auf das Gymnasium wechselte. An dieser Schule wurde neben der Musik auch sehr großer Wert auf Malen und Kreativität insgesamt gelegt. All diese Fächer begeisterten mich und bescherten mir sehr viel Freude.

Die Musik war dann auch nicht das Problem, sondern die Tatsache, dass man bei Latein einfach Vokabeln lernen muss. Hinzu kam die ablehnende Haltung vornehmlich des Deutschlehrers, der wohl der Meinung war, dass ein Schüler aus dem Handwerker-Stand, der dazu einen hessischen Dialekt spricht, auf dieser Schule nichts zu suchen hätte.

Da wegen Latein – ich war einfach zu faul zum Vokabellernen   mein Vorrücken in die neunte Klasse gefährdet war, erhielt ich Nachhilfe und arbeitete mich im zweiten Halbjahr immerhin auf eine Vier, der Zwei des kleinen Mannes. Dennoch waren der Latein- und Deutschlehrer nicht gewillt, mich vorrücken zu lassen. Nachdem mir irrtümlich das Wiederholen der achten Klasse auch noch verwehrt wurde, ließ ich zwar das Zeugnis korrigieren, hatte aber keine Lust, noch länger auf dieser Schule zu verweilen; ich fühlte mich in meiner Ehre verletzt, und sicher kam auch noch Scham hinzu, wiederholen zu müssen.

So wechselte ich auf die Handelsschule. Viele Wege führen zur Bildung! Es war schon ein bisschen schade, dass mein musischer Weg dadurch ein Stück auf der Strecke blieb. Wer weiß, wie sich mein Leben entwickelt hätte, wenn ich einen Abschluss an dem musischen Gymnasium absolviert hätte!

Inzwischen hatte sich auch schon die Pubertät heimlich und leise gemeldet – ohne Vorankündigung, oder dass es jemand ausgesprochen hätte! Sie war einfach da!

3. *Die Jahre vergingen, die Pubertät kam,*

das erste scheue Verkleiden begann.

Zur Fastnacht als Mädchen ich glücklich war,

davon konnt' ich nur träumen das ganze Jahr.

Von nun an ging's bergab

(1964 bis 1969)

Pubertät lässt grüßen

Um Pubertät wurde damals kein großes Aufheben gemacht, als dass man darüber irgendwelche Worte verloren hätte. Eines Tages lagen auf dem Wohnzimmertisch zwei medizinische Heftchen, die meine Mutter aus ihrer Krankenschwester-Ausbildung besaß. Die Neugierde war natürlich sehr groß. Erst später erfuhren mein Bruder und ich, dass unsere Mutter sie dort nicht vergessen, sondern absichtlich hingelegt hatte. Aus Skizzen, Bildern und Beschreibungen erfuhr ich zum ersten Mal etwas über den Unterschied der Geschlechter und über Sexualität.

Merkwürdig war nur, dass in den Abbildungen von Männern das Glied größer war als meines! Überhaupt wurde mir zum ersten Mal bewusst, dass ich mich dafür schämte und es niemanden sehen lassen wollte.

Eines Tages ging in meinem Kopf eine helle Signallampe an, als ich im Fernsehen ein Singspiel sah, bei dem die jüngeren Sänger der „Wiener Sängerknaben" Mädchenrollen übernahmen und in hübschen Biedermeier-Kleidchen auftraten: plötzlich war der innige Wunsch sehr intensiv spürbar, mitten in dem Stück zu sein und solch eine Rolle zu übernehmen. Gesang war schon immer meine Leidenschaft – ich wäre sicher für jeden Knaben-Chor eine Bereicherung gewesen. Damals wurden aber Talente noch nicht so gefördert wie heute.

Dabei hätte der Gesang nicht die Hauptrolle, sondern nur eine nachgeordnete Rolle gespielt. Ich sah mich primär in der Mädchenrolle. Zum ersten Mal wurde mir wirklich bewusst, dass ich gerne ein Mädchen wäre. Ich spürte auf einmal sehr stark, wie sehr ich mich mit dem weiblichen Geschlecht identifizierte. Die Kindheitserlebnisse waren nie wirklich ins Bewusstsein gedrungen, obwohl ja auch hier – rückwirkend betrachtet – schon Merkmale erkennbar waren, dass ich kein „normaler" Junge war.

Was nützte mir diese Erkenntnis? Nichts!

Mit wem hätte ich darüber sprechen können? Mit niemandem!

Wir befanden uns in der Mitte der 1960er Jahre – selbst Schwule wurden noch gesetzlich verfolgt; der §175 StGB wurde erst 1973 entschärft und auf Verführung Minderjähriger eingeschränkt. Aber ich war ja nicht schwul, sondern hatte ein noch viel „schlimmeres" Problem, von dem ich nicht wusste, was es eigentlich ist. Ich wusste nur soviel: ich kann weder mit meinen Eltern, noch mit meinem Bruder, noch mit irgendjemandem sprechen, der mich verstehen würde. Vermutlich hätten meine Eltern nach einer Beichte versucht, mir „diese Flausen irgendwie auszutreiben". Gerne drohten sie schon früher mit Internat, wenn meine schulischen Leistungen nicht entsprechend waren. Internat war für mich ein drohendes Damoklesschwert: Essen war für mich schon immer wichtig, aber ich aß keine Zwiebeln; wie hätte ich da im Internat überleben können? In solchen Einrichtungen werden viele Gerichte mit Zwiebeln zubereitet. Da ich vor einer solchen oder ähnlichen „Bestrafung" größte Angst hatte, hielt ich meinen Mund und versuchte, die Gedanken an mein Anderssein zu verdrängen und nicht daran zu denken.

Miss 100.000 Volt

Als ich dann zur Fastnachtszeit – ich war vielleicht zwölf Jahre alt – mir Kleidung meiner Mutter anzog, verspürte ich wieder dieses Gefühl, das ich schon bei dem Singspiel erlebt hatte. Nur jetzt noch viel intensiver.

Die Wäsche meiner Mutter war für mich ein Heiligtum. Ich hatte Respekt und auch Angst, sie zu berühren. Weshalb? Ich wusste es nicht! Als ich dann meinen Mut endlich zusammennahm, und ihre Nylon-Strümpfe berührte, durchzuckte es mich mit 100.000 Volt. Ich war zunächst paralysiert und unfähig, mich zu bewegen. Doch dann überkam mich der Zwang, diese anzuziehen. Als ich sie dann vorsichtig überstreifte und glatt strich, empfand ich große Glückseligkeit. Bei den ersten Cross Dressings machte ich die Nylons mit Einmachgummis statt Strapsen fest, weil ein Hüftgürtel mir zu viel Respekt abverlangte. Ich traute mich einfach nicht. Dann zog ich mir das nächste Heiligtum, einen Büstenhalter an und stopfte ihn mit Socken aus. Nun kamen noch Rock und Bluse. Unter einem Seidenschal versteckte ich meine kurzen Haare. Jetzt noch die Schlangenlederschuhe, die zufällig bereit standen. So ein Zufall – sie passten!

Fertig war das Mädchen!

Heute muss ich noch schmunzeln bei dem Spiegelbild, das mich aus dem Toilettentisch-Spiegel damals ansah. Aber ich gefiel mir! So wie sich alle gefallen, die wie ich betroffen sind, wenn sie sich in die weibliche Rolle verwandeln – egal wie schräg die Verwandlung auf andere wirken muss. Man ist einfach schön!

Ich nahm all meinen Mut zusammen und zeigte mich in der „Verkleidung" scheu meiner Mutter – in Begleitung meines Bruders, der sich ebenfalls als Mädchen zurecht gemacht hatte. Sie fand es schön, ohne sich dabei etwas zu denken. Daraufhin wurde ich etwas mutiger und veränderte meine Kleidung und legte Lippenstift auf, um mich ihr erneut zu zeigen. Sie fand es toll, und ich war sehr aufgeregt nach der gelungenen Premiere.

Und ich hatte zum ersten Mal gespürt, wie magisch mich die Wäsche meiner Mutter anzog. Schon das Anlangen dieser löste ein Knistern und Elektrisieren in mir aus, das ich mir nicht erklären konnte. Unvergleichlich genoss ich das Gefühl von Wäsche und Nylonstrümpfen auf der Haut, das man nicht beschreiben kann, sondern nur Menschen wie ich wirklich empfinden können.

Dann war Fastnacht vorbei! Aber ich hatte „Blut geleckt"! Da meine Eltern im Lokal zu tun hatten, war ich am Abend häufig allein in der Wohnung. Mein Bruder war ja ein bisschen älter und durfte häufig länger aufbleiben. Auch weil ich auf dem Gymnasium war, musste ich früher ins Bett, weil ich dringend meinen Schlaf brauchte, während mein Bruder eine Konditorenlehre zu Hause absolvierte.

An solchen Abenden – allein in der Wohnung – überkam mich häufig die Sehnsucht, heimlich Strümpfe und Wäsche meiner Mutter anzuziehen und das Feeling einfach zu genießen. Ich hatte gemeinsam mit meinem Bruder ein Zimmer. Es bereitete mir eine tiefe innere Freude, wenn ich mich vor dem großen Spiegel als Mädchen anziehen und beobachten konnte. Ich war erregt und selig zugleich. Irgendwann überkam mich dann die Angst, vornehmlich von meinem Bruder erwischt zu werden, so dass ich dann die Damenwäsche wieder gegen meinen Schlafanzug tauschte und zu schlafen versuchte. Häufig dauerte es etwas länger mit dem Einschlafen. Es war so schön, mit dem gerade Erlebten einzuschlafen und davon zu träumen.

Damals verspürte ich auch zum ersten Mal den Wunsch, dass ein Wunder geschehen möge: ich wache auf und bin ein Mädchen! Aber niemand konnte ihn mir erfüllen. Diesen Tagtraum habe ich im Übrigen heute noch. Auch mit operativer Angleichung wird man doch nie hundertprozentig Frau.

Die Folge des „Verkleidens" war dann, als ich vielleicht vierzehn Jahre alt war, dass morgens beim Erwachen eine unangenehme klebrige Flüssigkeit meine Schlafhose im Schritt füllte - iiiigitt! Den Zusammenhang mit dem Cross Dressing habe ich jedenfalls nicht gleich erfasst, erst mit der Zeit begriff ich die Ursache. Meine Phantasie genügte; ich hatte weder mit meinem Pippi(-Mann) gespielt, noch wusste ich, was Onanieren ist.

Das habe ich erst mit etwa fünfzehn oder sechzehn Jahren kennengelernt. Die Jungs in meinem Umfeld hatten mir erzählt, wie toll es sei, zu „wichsen". Nachdem ich mich bei meinem Bruder schlau gemacht hatte, scheiterte mein erster Versuch kläglich, weil meine Vorhaut sehr eng war und spannte. Ich fragte mich, was an Onanie so schön sein sollte – und ließ es für lange Zeit bleiben.

Bloß nicht erwischt werden!

Die Angst vor Entdeckung war riesengroß. Ich durfte nicht erkannt werden, um dann als „pervers" oder „abartig" abgestempelt zu werden – mit der möglichen Konsequenz, dafür ausgelacht, verspottet oder bestraft zu werden. Ich hatte doch keinerlei Schuld. Und dennoch fühlte ich mich schuldig! Die Versuchung zum Cross Dressing wuchs sich immer mehr zum Zwang aus. Ich konnte nicht anders!

Doch es kam wie es kommen musste: als ich mich wieder einmal für mich als Mädchen hübsch zurecht gemacht hatte und etwas unachtsam war, kam mein Bruder ins Zimmer. Ich kam zwar noch dazu, unter die Bettdecke zu springen, aber er zog sie mir weg, weil er wegen des Lippenstiftes die „Verkleidung" vermutet hatte. Ich empfand Panik und flehte ihn an, unseren Eltern nichts zu erzählen. Gott sei Dank hat er es für sich behalten! Er war halt doch mein großer Bruder und Beschützer – auch den Eltern gegenüber.

In jüngerer Zeit habe ich ihn darauf einmal angesprochen. Er konnte sich aber an die Begebenheit nicht mehr erinnern, sie war ihm wohl nicht wichtig genug, um sie abzuspeichern.

Ich war mit mir sehr allein und einsam mit meinen innigsten Wünschen und Gefühlen – was hätte ich tun können! Psychologen kannte man in meinem Alter nur dem Begriff nach. Hätte ich von meinem Problem irgendjemandem erzählt, derjenige hätte sicher versucht oder versuchen lassen, das hinweg therapieren zu können. Aber dazu fehlte mir der Mut, weil ich wusste, dass das, was ich machte, „nicht sein darf". Wir waren immer noch in der Mitte der 1960er Jahre.

Also lebte ich damit, verkleidete mich heimlich, hatte das Ergebnis meiner Phantasie in der Schlafhose, zeigte mich zur nächsten Fastnacht auch wieder scheu meiner Mutter.

Bis mein sechzehnter Geburtstag bevorstand!

Endlich meine eigenen Kleider

Ich erzählte meinen Eltern, dass ich zu meinem Geburtstag eine Party am Ruhetag im Lokal machen möchte, und dass ich mich dazu als Mädchen anziehen möchte. Meine Eltern waren von der Idee angetan und gewährten mir auch das Taschengeld, damit ich mir eine Perücke und einen schönen Ring bei einem Faschings-Versandhaus bestellen konnte. Ferner durfte ich mir eine Strumpfhose kaufen, wobei mich der Kauf einiges an Überwindung kostete; es war schließlich in der Nachbarschaft, und man kannte sich. Das schönste war jedoch ein knallgelbes Kleid aus Faschingsseide und Tüll, das ich mir von einer Nachbarin schneidern lassen durfte. Als der Geburtstag dann endlich da war, konnte ich endlich meine erste eigene Mädchenkleidung anziehen. Ich war selig! Das schönste war, dass meine Gäste zunächst ein hübsches, ihnen unbekanntes Mädchen sahen und mich erst erkannten, als ich sie ansprach. Ich erhielt von allen Seiten viel Lob, wie toll ich aussehe. Es kam natürlich niemand auf die Idee, dass ich endlich so aussehen durfte, wie ich mich fühlte; für sie war es nur Verkleidung zur Fastnacht. Ich war sehr zufrieden mit meinem Outfit; es war zum ersten Mal nicht improvisiert, sondern ich sah wirklich aus wie ein Mädchen. Leider kam am nächsten Morgen wieder die Ernüchterung!

Du bist ein Bub und wirst ein Mann – basta!

Lass' keine weiteren Gedanken daran aufkommen!

Du kannst nichts ändern!

Verdränge die Gedanken!

Mit der Zeit wirst Du es vergessen!

Zeit heilt alle Wunden!"

Leider nicht!

Was ist das für eine Frau auf der Titelseite

Gegen Ende der 1960er Jahre erschien ein Artikel in einer großen deutschen Illustrierten über Transsexuelle. Zum ersten Mal las ich den Begriff „Transsexualität".

Meine Empfindungen hatten also auch einen Namen!

Das Titelbild war eine bildhübsche Frau. Als ich nachschaute, wer sie ist, las ich, dass diese Frau einmal ein Mann war. Sofort durchzuckte es mich wie ein Blitz, und ich begann den Artikel zu verschlingen. Ich habe den Artikel „gefressen", weil ich spürte, dass das meine Geschichte ist.

Es gab in Casablanca einen Arzt, der bei Transsexuellen „Geschlechtsumwandlungen" durchführte. Aber wie hätte ich den Mut und vor allem das Geld aufbringen können. Die Kosten waren enorm: 15.000 DM; das war damals ein Vermögen, zum Vergleich: ein VW Käfer kostete nicht einmal 4.000 DM.

Der Bericht zeigte aber auch die Lebensumstände dieser Menschen auf – jede Dritte überlebte die Operation nicht, man musste sich aus seiner gewohnten Umgebung lösen. Trennung von Familie und Freunden, Verdienen des Lebensunterhalts mit Prostitution waren die Folge. Ich lebte in der Provinz und hatte gar keine Vorstellung, wie man unter solchen Bedingungen überleben kann. Vom Rotlicht-Milieu hatte ich überhaupt keine Ahnung. Und ein normales Leben war schlichtweg unmöglich. Es gab noch kein Transsexuellen-Gesetz mit Vornamens- und Personenstandsänderung.

Ich hätte ein so beschriebenes Leben nie auf mich nehmen können. Auch war ich mit meinen höchstens sechzehn Jahren noch viel zu jung, um abschätzen zu können, was das alles für mich bedeutet hätte – angefangen bei den Operationskosten. Es blieb Verzweiflung! Andererseits keimte die Zuversicht, dass das Verlangen nach dem Leben im richtigen Körper sich vielleicht doch noch legt und ein „normales" Leben möglich ist.

Und außerdem gab es ja auch noch die Hoffnung, dass im nächsten Leben, so es eines gibt, Körper und Seele zusammenpassen mögen. Diesen Glauben habe ich bis heute nicht verloren, auch wenn ich mittlerweile äußerlich angepasst bin und mich in meiner Rolle sehr wohl fühle. Darüber hinaus gibt es einige Merkmale, die operativ nicht angleichbar sind; Gebärmutter und Eierstöcke können nicht durch Operation „konstruiert" werden; die Anpassung ist eben nur äußerlich.

Ich habe meine Jugend als junger Bursche erlebt, aber doch anders als andere Burschen, und hatte nie das Geschenk, eine junge Frau sein zu dürfen. Wenn mir biologische Frauen sagen, ich solle froh sein, dass ich keine Tage hätte bzw. gehabt hätte, antworte ich ihnen immer, dass ich das trotz aller Schmerzen und psychischer Schwankungen gerne in Kauf genommen hätte.

Denn damit wüsste ich, dass ich eine richtige Frau bin!

Die erste Liebe

Trotz dieser enormen psychischen Belastung hatte ich meinen Kopf auch noch für andere Gedanken frei. Zum einen war ja auch noch die „Kleinigkeit" von Schule, zum anderen meldete sich ein erstes Verliebtsein. Als ich vierzehn Jahre alt war, lernte ich Edith, die Tochter der zweiten Frau eines Onkels, an deren dreizehntem Geburtstag kennen und habe mich sofort in sie verliebt. Meine bisherigen sexuellen Gefühle hatten „Konkurrenz" bekommen, ja sie waren sogar zurückgedrängt. Ich sprach ihr meine Gefühle aus, war aber umgekehrt nie sicher, ob sie ähnlich empfindet. Es gelang ihr, mich im Unklaren über ihre Empfindungen zu lassen. Ich war jedenfalls hin und her gerissen. Es war immer nur Geplänkel, mal ein scheuer flüchtiger Kuss. Sie lebte damals hundertfünfzig Kilometer entfernt in der gleichen Stadt wie meine Großmutter, und so beschloss ich als Siebzehnjähriger, in den großen Ferien ein paar Wochen bei meiner Großmutter zu verbringen, mit dem ausschließlichen Grund, Edith zu sehen. Als ich sie fragte, ob sie daran Interesse hätte, antwortete sie, es sei ihr egal. Ich fuhr nicht!

Ich lernte dann auch andere Mädchen kennen; aber die erste Liebe vergisst man nicht. Jedes Mal, wenn ich sie traf, war ich hin und weg und verliebte mich immer wieder aufs Neue, ohne dass meine Liebe jemals für mich spürbar durch sie erwidert wurde. Wir haben noch heute ab und zu Kontakt, aber auf rein freundschaftlicher Ebene.

Die Schulzeit geht zu Ende

Die Handelsschul-Zeit war am Anfang sehr entspannt, da vieles für mich Wiederholung war. Ich besitze noch heute einen Bildband mit Widmung, den ich am Ende des ersten Halbjahres als bester Schüler erhielt. Da ich aber faul war und zu viele andere Interessen hatte, wurden meine Leistungen immer durchschnittlicher, und genauso habe ich nach drei Jahren abgeschlossen: durchschnittlich. Zwischenzeitlich hatte ich zu rauchen begonnen und in Verbindung mit mehreren Tanzkursen den Kinderspeck vom Körper getanzt; ich hatte jetzt eine ganz ansehnliche Softi-Figur (schlank, aber nicht sehr muskulös), während ich vorher doch recht unförmig daher gekommen bin. Mit der jetzt erreichten Figur hätte ich auch als Mädchen beziehungsweise Frau nicht die schlechteste Figur abgegeben.

Auch wenn wir nur durchschnittliche Schüler waren, beim Abschluss-Ball waren wir dann doch ganz groß. Als für diese Feier Solo-Sänger gesucht wurden, ermunterten mich der Musiklehrer sowie meine Mitschüler und Mitschülerinnen, den Solo-Part zu übernehmen. Ich habe schon immer sehr gerne gesungen, war sicher im Ton, und so sagte ich zu. Wir bereiteten uns sehr gut auf den großen Abend vor. Die vielen Proben hatten sich gelohnt.

Was war das eine Kulisse: festlich geschmückter großer „Hutten"-Saal, gefüllt mit etwa 800 festlich gekleideten Mitschülern und Angehörigen! Und ich durfte im Duett mit einer ebenfalls mutigen Mitschülerin singen.

Auf einmal der Super-GAU für jeden Akteur auf der Bühne: ich hatte meinen Text vergessen, er war einfach weg! Dank eines sehr gut aufgelegten Pianisten ist der Fauxpas überhaupt nicht aufgefallen, er überspielte die Pause, bis mir Gott sei Dank der Text wieder eingefallen war. Die Zuschauer meinten, es hätte vielleicht einen technischen Defekt gegeben. Dennoch waren die Darbietungen ein voller Erfolg, dank der hervorragenden Vorbereitungen von Chor und Interpreten durch unseren Musiklehrer, den wir liebevoll „Lurchi" nannten.

4.   Mit achtzehn spielt' ich in einer Band;

es war die Zeit – wir waren im Trend.

Als Musiker flogen mir im Nu

die Herzen aller Mädchen zu.

Von nun an ging's bergab

(1969 bis 1971)

Klavier lernen war doch nicht ganz umsonst

Nach Abschluss der Handelsschule war ich in der glücklichen Lage, nicht lange einen Ausbildungsplatz suchen zu müssen. In der damaligen Zeit der Vollbeschäftigung konnte ein Jugendlicher eine Lehrstelle noch aussuchen. Ein Bekannter unterstützte mich, einen Ausbildungs-Vertrag zum Verlagskaufmann in einem Verlag in Würzburg zu erhalten. Die Faulheit hatte ich inzwischen abgelegt und wusste jetzt, worauf es ankommt, und so schloss ich die Ausbildung zwei Jahre später mit Auszeichnung ab.

In Erwartung meiner monatlichen Ausbildungsbeihilfe lieh ich mir einen größeren Betrag für die Anschaffung einer zwei-manualigen Elektronik-Orgel, den ich dann in vierundzwanzig Monatsraten abstotterte. Somit stand dem Mitwirken in einer Band, die schon erste „Gehversuche" hinter sich hatte, nichts mehr im Weg. Wir waren damals, jeder für sich, keine besonderen Virtuosen, aber in der Gruppe konnten wir das Publikum schon mitziehen – sicher waren damals auch die Ansprüche an Life-Musiker nicht so hoch wie heute. Nach einem Vierteljahr Übens war es dann soweit – wir hatten unseren ersten Auftritt. Der Saal war zwar nur halb gefüllt, dennoch hatten wir unseren Spaß. Essen und Trinken gab es für die Musik sowieso gratis. Mit der Zeit wurden wir immer besser und die Säle immer größer. Nicht selten spielten wir vor dreihundert bis vierhundert Personen. Wenn das Publikum gut mitging, waren auch wir gut; durch das Wechselspiel stieg dann auch immer die Stimmung an. Manchmal musste uns der Strom auf der Bühne abgestellt werden, da das Publikum uns nicht von der Bühne lassen wollte, immer wieder „Zugabe" skandierend.

Als Musiker war man in dieser Zeit stets von jungen Mädchen umschwärmt. Sie standen unterhalb der Bühne und himmelten mich an, obwohl ich ja „nur" Orgel spielte, und die Gitarristen und Sänger im Allgemeinen mehr Kontakt zum Publikum hatten. Nun ja, es gab auch einige Songs, bei denen kein Keyboard beteiligt war. In diesen Stücken übernahm ich den Part des Sängers und hatte bei diesen Songs das Publikum sofort auf meiner Seite. Es waren die rockigen Stücke wie „Satisfaction", die das Publikum mitriss. Rückblickend erstaunt es mich manchmal, mit wie wenig Equipment wir seinerzeit über die Dörfer gezogen sind, wenn ich dagegen das Equipment betrachte, das Bands heute benötigen. Uns genügte in der Anfangszeit ein größerer Pkw-Kombi für Musiker und Equipment; später war noch ein zusätzlicher Pkw nötig.

Wir wurden mit der Musik zwar nicht reich, konnten aber mit den Einnahmen die Kosten für die Musik-Instrumente decken. „So schön, schön war die Zeit"! Nein, das haben wir nicht gespielt, aber so empfunden; es war aber auch ein Reifeprozess, der mich ein Stück im Umgang mit Menschen geprägt hat. Ich spürte, dass ich mit den wenigen Stücken, die ich sang, sofort einen guten Kontakt zum Publikum hatte und dieses zu mir her zog – ich konnte die „Massen bewegen".

Ein atypischer Musiker

Tja, mit den Mädchen war das so eine Sache!
Ich hätte jeden Tag eine Andere haben können. Uns Musikern wurde immer nachgesagt, wir wären nicht treu und würden täglich mit einem anderen Mädchen ins Bett hüpfen. Diese Eigenschaft war jedoch nie auf mich übertragbar. Für mich stand schon immer das Gefühl und nicht der Sex im Vordergrund. So ein Verhalten widersprach meinem Moralverständnis.

Da wir zu Hause wegen des Geschäfts wenig Familienleben hatten, sehnte ich mich nach einem Nest und fing immer sofort das Klammern an, wenn ich ein Mädchen, das mir gefiel, kennenlernte – mit dem Ergebnis, dass dieses nach zwei oder drei Wochen Reißaus nahm, weil ich ihr die Luft zum Atmen nahm. Ich haderte oft mit meinem Schicksal, weil ich nicht verstand, warum sich die Mädchen so schnell von mir wieder lösen wollten. Denn die Erkenntnis der Vereinnahmung ist leider erst viel später gereift.

5. *Die Zeit war nicht reif und so wurd' ich ein Mann;*

auch war ich den Mädchen sehr zugetan:

Zum einen wollt ich sie auf Händen tragen –

zum andern ihren Körper haben.

Von nun an ging's bergab

(1969 bis 1974)

Die ganz „normale" Entwicklung zum Mann?

Und da war ja auch die doppelte Sichtweise!
Zum einen wollt ich sie auf Händen tragen – zum andern ihren Körper haben!
Ich war schon immer bereit, all meine Liebe, die ich in mir trage, einem Mädchen zu schenken, das mir die Liebe erwidert. Leider kam es bei den meisten als Einengung herüber. Und dann hatte es sich wieder einmal erledigt. Stets haben die Mädchen mit mir Schluss gemacht und nicht umgekehrt, und ich fragte mich häufig, was ich falsch machte. Ich litt immer sehr darunter und habe vor lauter Liebeskummer viele, viele Tränen vergossen, obwohl schon die Nächste wartete. Die Jungs von der Band haben es nie verstanden, dass ich immer so an Liebeskummer litt. Sie waren halt Musiker – und richtige Männer!
Meine Beziehungen zu den meisten Mädchen waren nur kurze Affären und zu Ende, bevor sie richtig begonnen hatten – und somit gab es auch keinen Sex. Immerhin hatte ich es in einigen wenigen Fällen bis zum Petting geschafft, hatte aber, um aufs Ganze zu gehen, nicht die Erfahrung, nicht den Mut und vermutlich auch nicht das richtige Mädchen.
Zu meinem achtzehnten Geburtstag schenkte mir ein Stammgast eine „Nummer" auf dem Straßenstrich von Würzburg. Also fuhren wir am Abend zu besagtem Platz. Er half mir beim Aussuchen einer „Braut", die ich sofort auch als sehr nett empfunden hatte. Ich stieg ein, und wir fuhren ein paar hundert Meter in Richtung der Mauer vom Kloster „Himmelspforten" – aber statt dass sich die

Pforten des Himmels für mich öffneten, streikte mein kleiner Kamerad und sträubte sich mit allem, was er hatte. So sehr sich auch die „Dame" mit allen ihr zur Verfügung stehenden Mitteln bemühte, er wollte vor ihr nicht aufstehen. Für mich war das sehr frustrierend, und ich wusste gar nicht, wie ich mich dem Spender dieses „Vergnügens" gegenüber verhalten sollte. Außerdem ärgerten mich die verschwendeten fünfzig Mark – die hätte man auch besser anlegen können. Ich versuchte also danach ihm gegenüber zu prahlen, wie toll es gewesen war, und was ich für ein toller Hecht sei. Auf solche Erfahrungen können nicht viele Männer zurückgreifen – zumindest würden sie es um nichts in der Welt Anderen gegenüber zugeben. Allerdings gab es doch ein paar reifere Männer, die mir nach Erzählen meiner Story gestanden haben, dass es ihnen ähnlich ergangen sei.

Lange Jahre habe ich, durch die Männerrolle bedingt, dieses „Versagen" für mich behalten. Eigentlich erzählte ich erst davon, nachdem ich die Tarnung als Mann abgelegt hatte – also nach dem Coming Out. Für mein Selbstwertgefühl hatte diese Erfahrung des achtzehnten Geburtstags Gott sei Dank keine Auswirkungen.

Als ich wieder einmal Liebeskummer hatte und von einer Beziehung vorerst nichts mehr wissen wollte, meinte ein Mädchen, das mit dem Fan-Club als Anhang mitfuhr, den Orgelspieler, also mich, unbedingt kennenlernen zu wollen. Eigentlich hatte ich ja, wie bereits gesagt, die Nase von Beziehungen voll, beschloss aber, mich einmal als typischer Musiker zu verhalten, und sie als einen One-Night-Stand, als Abenteuer mitzunehmen. Da ich das aber einfach nicht konnte, wurde aus dem Abenteuer eine feste Beziehung mit Ilse. Nach eineinhalb Jahren folgte die Verlobung, bei der mein Schwiegervater – taktvoll wie er nun einmal ist – feststellte, dass ich ja noch sehr jung sei, aber andererseits seien wir ja auch noch nicht verheiratet. Super Bemerkung! Dennoch haben wir wiederum ein Jahr später Hochzeit gefeiert. Ilse ist noch heute trotz aller Umstände und Probleme mit meiner Veränderung meine Ehefrau, wir haben zwar keine partnerschaftliche Beziehung mehr, aber uns verbindet eine tiefe Freundschaft und Liebe, die mit nichts verglichen werden kann. Leider gibt es keinen Schalter, den man nur umlegen braucht, um die sexuelle Orientierung umzukehren. Ilse blieb einhundert Prozent heterosexuell und kann intim mit mir als Frau nichts anfangen. Leider!

Der immer wiederkehrende Zwang

Dass ich in den Körper eines hübschen Mädchens schlüpfen wollte, habe ich mir erst viel später selbst zuerkannt, nur war mein Verhalten damals vielleicht schon davon geprägt und stand häufig zwischen einer möglichen Beziehung. Im Unterbewusstsein war nichts sehnlicher, als in einen so schönen Körper mit einem hübschen Gesicht zu schlüpfen und mit ihm eins zu werden. Geht aber bekanntlich nicht!
Dann wenigstens mit ihr als Mann und Frau eins werden. Am Sex hatte ich jedenfalls viel Vergnügen, nachdem ich mit neunzehn (Spätzünder!) meine „Unschuld" verloren hatte. Es war Ilse, die mich „entjungferte"! Vor der Beziehung mit Ilse war es eher eine Berg- und Talfahrt mit dem Sex.

Inzwischen hatte ich auch Lust am Onanieren gefunden und auf diese Weise meine Befriedigung herbeigeführt. Dies geschah vornehmlich bei tatsächlichem oder auch phantasiertem Cross Dressing. Das Gefühl, das mich beim Verwandeln in eine Frau überkam, war für mich so überwältigend und intensiv. Die Verwandlung in mich selbst erregte mich in dem Maße, dass ich gar nicht anders konnte, als mich zu befriedigen. Schon allein die Berührung der Dessous machte mich schier verrückt, und ich musste aufpassen, dass ich nichts beschädigte; wie schnell rennt eine Laufmasche. Und dann das Gefühl auf der Haut – Wahnsinn! Diese Feelings machen einem zum „Tier"!

Danach kam aber dann stets ein Kater und schlechtes Gewissen über das, was ich gerade wieder getan hatte: das sei doch etwas Schlechtes (ich war katholisch erzogen) und in der Verkleidung total „abnormal". „Ich werde es auch nie wieder tun!", war dann meine Reaktion – doch bei nächster Gelegenheit passierte es wieder und wieder und wieder.

Ein übermächtiger Zwang war permanent zugegen. Immer, wenn ich allein in der Wohnung war und keine Angst hatte, überrascht werden zu können, spürte ich den unbändigen Zwang, in die Frauenrolle zu schlüpfen. Das Anlegen der weiblichen Dessous regte mich so sehr an, dass ich häufig zum Orgasmus kam, bevor ich komplett in meinem ausgewählten Outfit war. Wenn ich mich im Spiegel in der weiblichen Kleidung betrachtete, fand ich mich unendlich schön und – vor allen Dingen – richtig angezogen, obwohl die Kleidungsstücke häufig nicht richtig passten oder unmöglich zusammengestellt waren.

Doch das interessiert eine Transsexuelle nicht. Sie empfindet sich schön! Doch dann kam wieder die Angst, dass irgendetwas Unvorhergesehenes passiert sein könnte und Ilse mich überraschen könnte. Also beeilte ich mich stets, wieder in die ungeliebte Männerrolle zurück zu schlüpfen, wobei ich sehr penibel darauf achtete, dass alles seinen richtigen Platz in der richtigen Form fand.

Wie ich erst viel später erfuhr, war mein Verhalten für Transsexuelle durchaus die Regel, besonders das anschließende sich „Schmutzig-Fühlen" über das Cross Dressing.

Still gestanden!

Zwischenzeitlich kam der Einzug zur Bundeswehr, die damals eine reine Friedens- und Verteidigungs-Einrichtung war. Deshalb sah ich auch keinen Grund, den Wehrdienst zu verweigern. Im Gegenteil! Ich verpflichtete mich zunächst auf zwei Jahre (statt 15 Monate), um ein paar Mark mehr in der Tasche zu haben. Da ich auch noch vorhatte, ein Studium zu absolvieren, entschloss ich mich schließlich, dieses ohne finanzielle Sorgen bei der Bundeswehr zu bewerkstelligen. Dazu musste ich mich allerdings auf fünfzehn Jahre verpflichten.

Mancher wird sich vielleicht darüber wundern, warum ich für mich die Bundeswehr gewählt habe. Ich wollte ein für einen Mann „normales" Leben führen; auch war die Hoffnung immer gegenwärtig, dass die Neigungen vergehen mögen. Dass dies nicht möglich ist, konnte ich mangels Aufklärung nicht wissen, oder ich war einfach diesbezüglich zu naiv.

Rückblickend kann ich jedenfalls von mir behaupten, dass ich nie wirklich ein guter Soldat war – dafür war ich einfach zu weich. Wofür die Bundeswehr auf jeden Fall für mich persönlich wertvoll war, war die Offiziers-Laufbahn. Ich habe mir dabei manchen Schliff, Verhalten und Galanterie angeeignet, die mir noch heute vorteilhaft zu Gute kommen.

Doch davor musste ich erst meinen Grundwehrdienst in der Panzerpionier-Kompanie in Hammelburg absolvieren. Da ich nie besonders sportlich war, war dies auch kein Zuckerschlecken; dennoch stand am Ende die Vereidigung. Nach insgesamt einem halben Jahr wurde ich nach München zum Offizier-Lehrgang versetzt. Schulbank-Drücken war angesagt, aber auch die Erkundung der Region um München sowie Übungseinsätze, um mit Holz-Klötzchen unter anderem die Amper-Brücken zwischen Allershausen und Freising zu „sprengen". Mit echtem TNT hätten wir wohl Ärger bekommen!

Zwischendurch mussten wir den Lehrgang in München unterbrechen, um an einer Einzelkämpfer-Ausbildung von vier Wochen bei Hammelburg teilzunehmen. Diese war so überflüssig wie ein Kropf, da uns zum Abschluss mitgeteilt wurde, wir seien alle durchgefallen, da uns die Führungsqualitäten abgingen. Was nicht verwunderlich war: wir standen ja auch erst am Anfang unserer Führungsausbildung; ein schwerwiegender organisatorischer Fauxpas der Herren, die für die Planung zuständig waren! Danach ging's in München zunächst wieder weiter bis zum mehrwöchigen Wasserübungs-Lehrgang in Ingolstadt; wir waren schließlich Pioniere. Diesen Lehrgang habe ich deshalb noch in schlechter Erinnerung, weil ich mir an einem sehr heißen Tag im Mai einen Sonnenstich eingefangen hatte, und ich mich dermaßen übergeben musste, dass ich am liebsten gestorben wäre.

Nach diesen Wasser-Einsätzen folgte der Rest des Lehrgangs mit dem Abschluss. Jetzt kam ich als Fahnenjunker wieder in die alte Einheit zurück und wurde Gruppenführer. Eine Versetzung wäre besser gewesen, um die Hierarchie nicht durcheinander zu bringen.

Eine Begebenheit während des Lehrgangs blieb mir noch in tiefer Erinnerung!

Der Hörsaal-Leiter erzählte, dass einmal wegen eines gewichtigen Grundes das Wertfach eines Soldaten geöffnet werden musste. Im Allgemeinen ist es nicht erlaubt, dieses zu öffnen, es sei denn, dass ein Verdacht zu einer Straftat vorliegt. Aber es muss wohl irgendein Vergehen wie Diebstahl oder ähnliches gegeben haben. Jedenfalls, was fanden die Vorgesetzten in dem Wertfach? Eine Damen-Strumpfhose! „Ha! Ha! Ha!" lachte der Hörsaal. Mir aber war es eine Warnung! Wie leicht hätte auch ich in eine solch peinliche Situation geraten können und sah mich deshalb entsprechend vor.

Ein viertel Jahr darauf wurde ich zum Fähnrich befördert, dem Rang eines Feldwebels – mit der Auswirkung, dass ich stellvertretender Zugführer wurde mit der Befehlsgewalt über Kameraden, die zuvor meine Vorgesetzten waren. Damit waren Intrigen vorprogrammiert! Warum wir „grüne" Soldaten der Offiziers-Laufbahn nicht zuvor versetzt worden waren, kann nur mit Unvermögen der entscheidenden Herren begründet werden. Nach insgesamt einundzwanzig Monaten Gesamt-Dienstzeit wurden wir Grünschnäbel Leutnant und damit Zugführer und Vorgesetzte über etwa dreißig Soldaten und zogen so mit der Befehlsvollmacht an den Feldwebeln, Stabsunteroffizieren und Unteroffizieren vorbei, die wie erwähnt zuvor unsere Vorgesetzten waren. Da die Feldwebel auf soldatischer Erfahrung uns Jung-Leutnanten haushoch überlegen waren, weil sie schon viele Jahre Dienstzeit hinter sich hatten, versuchte ich, nicht so sehr auf der hierarchischen sondern vielmehr auf menschlicher Ebene umzugehen, was mir auch bis zu meiner Versetzung ein halbes Jahr später recht gut gelang. Wir Offiziere und Unteroffiziere hatten trotz aller widrigen Umstände durch die Fehlplanung – mit wenigen Ausnahmen – doch ein gutes Verhältnis und kamen kameradschaftlich miteinander aus.

6.   *Ich glaubte, dass ich als Ehemann*

     meine innerste Sehnsucht vergessen kann;

     Auch zwei Söhne lenkten davon wenig ab,

     mein Geheimnis wollt' ich dennoch mitnehmen ins

     Grab

     Von nun an ging's bergab

     (1973 bis 1986)

Hochzeit

Nachdem ich „meine" Ilse – wie sie manche lieben Nachbarn nannten – zweieinhalb Jahre kannte, gingen wir den „Bund fürs Leben" ein. Wir hatten nicht nur einen Pfarrer, sondern zwei – für Ilse den evangelischen, für mich den katholischen. Viele Jahre später schwärmten noch meine Tanten, wie schön die Trauung gewesen sei, als der katholische Pfarrer zur Klampfe griff und zur eigenen Gitarrenbegleitung ein Lied sang. Für beide Geistlichen war eine ökumenische Trauung eine Premiere – auch für Ilse und mich! Es war eine sehr schöne Hochzeit bei angenehmem Sommerwetter. Nach Kaffee und Kuchen in der Wohnung meiner Eltern feierten wir am Abend im erweiterten Familienkreis in einer Gaststätte mit einem schönen Menü. Danach wurde zur Musik eines Alleinunterhalters getanzt, Braut-Hut statt Braut-Schuhe versteigert, und Ilse und ich durften Scherz-Pakete auspacken. Ein gemütlicher Abend ohne Hektik ging dann mit der Fahrt zur Hochzeitsnacht mit scheppernden Dosen, die man uns ans Auto gebunden hatte, zu Ende.

Durch solche wichtigen Ereignisse war mein Verlangen nach dem richtigen Geschlecht immer wieder überdeckt, aber es meldete sich dann doch wieder zu jeder nächstbesten Gelegenheit. Also war es nichts mit der Hoffnung, dass die Heirat mein „Problem" beseitigen könnte. Ich hatte immer gehofft, dass durch einschneidende Ereignisse das Verlangen, eine Frau zu sein, verloren gehen möge – doch es war alles wie vorher!

Großstadt-Luft

Kurze Zeit bevor ich zum Studium versetzt werden sollte, wurde von den Kultusministerien beschlossen, dass für ein Studium an einer Fachhochschule eine Fachhochschulreife Voraussetzung ist. Also genügten meine Voraussetzungen – wie die vieler Anderer – mit Mittlerer Reife und abgeschlossener Berufsausbildung nicht mehr. Es musste für uns Offiziere ebenso wie für andere Studiumsaspiranten eine Fachhochschulreife erworben werden. Dafür wurde in München ein Lehrgang eingerichtet, den ich fortan besuchte.

Schon im Vorfeld der Versetzung suchte Ilse eine Arbeitsstelle in ihrem Beruf, und wir bemühten uns um eine Wohnung, die in der Nähe ihrer neuen Arbeitsstätte lag. In den ersten zwei Wochen in München bereitete ich unseren Umzug vor. Dann erfolgte dieser mit einem bis unters Dach voll gepackten Toyota Corolla Coupé, in erster Linie Kleidung und eine große Luftmatratze. Da dies unsere erste gemeinsame Wohnung war, mussten wir erst einmal Möbel anschaffen. Die Wohnung hatte den Vorteil, dass ein Schlafzimmerschrank und eine Küche eingebaut waren. In der winzigen Diele gab es eine Abstellkammer, in der Regale angebracht waren. Die Küche funktionierte zum Kochen und Essen, und zum Schlafen hatten wir die Luftmatratze. So konnten wir die Wochen bis zur Lieferung der Möbel ganz gut überstehen. Mein Schwiegervater kam zwei Wochen nach Einzug mit einem voll gepackten Kombi mit all den Dingen, die wir nicht selbst transportieren konnten.

Ilse bereitete ihre erste Mahlzeit zu – bisher war ich für das Kochen zuständig, da Ilse es nie gelernt hatte –, leider hatte sie wohl die Bedienungsanleitung des Schnellkochtopfes nicht richtig gelesen; jedenfalls wurde aus dem Rinderbraten ein Haschee, aber geschmacklich dennoch sehr gut. Zum Essen waren wir zu sechst und improvisierten einen Esstisch aus Fensterbank und Bügelbrett, das wir auf die gleiche Höhe einstellten, auf die wir zwei Regalbretter aus der Diele legten. So hatten wir einen schönen Esstisch. Man muss eben improvisieren können!

Kaum war die Wohnungs-Einrichtung komplett, bekam ich die Aufforderung, mich im Bundeswehr-Krankenhaus einzufinden. Ich hatte mich vier Monate zuvor wegen Brennens beim Wasserlassen untersuchen lassen, ohne dass die Ursache gefunden wurde. Ein findiger Bundeswehr-Arzt hatte jedoch eine Kultur auf TBC angelegt und ins Schwarze getroffen. Ich musste für dreieinhalb Monate ins Sanatorium wegen Nieren-Tuberkulose (hatte ich bis dato auch noch nie gehört), ohne dass ich mich wirklich krank fühlte. Nach ein paar Wochen durfte ich zum Glück an den Wochenenden nach Hause, da keine Ansteckungsgefahr bestand. Da ich als Offizier Privat-Patient war, wurden meine Blutwerte häufiger untersucht, so dass die Behandlungszeit gegenüber Kassen-Patienten wesentlich verkürzt wurde.

Als ich schon Hoffnung hatte, bald nach Hause zu kommen, hatte ich leider wieder einen positiven Befund, es wurden erneut säurefeste Stäbchen gefunden. Das bedeutete, dass sich mein Klinik-Aufenthalt um mindestens drei bis vier Wochen verlängerte. Damit mir die Zeit nicht zu lange wurde, habe ich dann in der Beschäftigungs-Therapie mit Bastelarbeiten begonnen. Ein Setzkasten, eine Pfeife zur Zierde und eine mir wirklich gut gelungene Intarsie vom Michelstädter Rathaus waren das stolze Ergebnis. Durch die Beschäftigung verstrich die Zeit wie im Flug – und ich wurde entlassen.

Jedoch war ich noch drei Monate zu Hause krank geschrieben. Ich versorgte nun den kompletten Haushalt – das war bei zwei Personen allerdings nicht besonders viel. Nachdem ich gewaschen, gebügelt, gekocht, gespült, abgetrocknet, gesaugt und Staub gewischt hatte, blieb mir immer noch jede Menge Zeit.

Und was tat ich in dieser Zeit? Richtig! Ich konnte mich den wirklich wichtigen Dingen zuwenden: in Frauenkleidung schlüpfen! Da ich zu diesem Zeitpunkt aus Tarnungsgründen keine eigene Kleidung hatte, habe ich mir immer die schönen Sachen von Ilse „ausgeliehen". Dabei habe ich penibel darauf geachtet, wie etwas hing oder zusammengelegt war, damit ich mich ja nicht verraten würde. Ihr ist nie etwas aufgefallen, also hatte ich einen guten Job gemacht. Was aber nach wie vor blieb, waren die Schuldgefühle. Ich fand mich schmutzig und schäbig, weil ich wieder einmal etwas „Verbotenes" gemacht hatte. Es belastete mein Gewissen so sehr, dass ich mir schwor, es so schnell nicht wieder zu tun – bis zur nächsten Gelegenheit!

Durch die schwere Krankheit war ich sieben Monate außer Gefecht und durfte deshalb den Lehrgang noch einmal neu beginnen. Bis zum Start des neues Lehrgangs verbrachte ich noch einige schöne Monate im Vorzimmer eines Obristen, der sehr menschliche Züge zeigte, und den ich deshalb auch gerne mochte. Wir wussten vor allen Dingen auch zu feiern. Als wir an einem launischen Freitag wieder einmal in angenehmer Runde bei einem Gläschen beieinander saßen, bat mich Herr Oberst, seine Frau, die bei „SUMA" einkaufen war, für ihn abzuholen. Da ich seine Frau Gemahlin nicht kannte, beschrieb sie mir die Sekretärin als groß und grauhaarig, und ich würde sie schon erkennen. Mit diesen wenigen Informationen fuhr ich also los, um Frau B. aufzusuchen – und es gelang mir sogar auf Anhieb: sie hielt sich im Eingangsbereich auf und blickte suchend um sich. Ich sprach sie also an und erklärte ihr, dass mir befohlen worden war, sie abzuholen, da wir noch ein bisschen in der Kaserne feiern wollten. Als wir zehn Minuten später wieder in der Dienststelle aufkreuzten, war der Herr Oberst äußerst beeindruckt, dass ich seine Frau auf Anhieb gefunden und mitgebracht hatte. Er hatte die Angewohnheit, seine Untergebenen gerne zu duzen, und nachdem er dann leicht angeheitert war, sagte er zu mir: „Leutnant! Heut' sind wir besoffen! Aber am Montag bin ich wieder der Herr Oberst!" So viel Menschlichkeit hätte ich mir von einem alten „Barras-Hengst" (Haudegen) nicht erwartet.

Nach dieser Zeit konnte ich den Fachhochschulreife-Lehrgang noch einmal absolvieren. Und diesmal vollständig.

Dann kam ein für mich damals schwerwiegender beruflicher Schlag, der meine berufliche Planung komplett über den Haufen warf!

Nach Ende des Fachhochschulreife-Lehrgangs erhielt ich statt der Versetzung zum Studium die Mitteilung, dass ich wegen der überstandenen Krankheit nicht mehr die körperlichen Voraussetzungen für eine Weiterverpflichtung hätte und mit Ablauf der vorläufig von der Bundeswehr festgesetzten Dienstzeit von fünf Jahren ausscheiden müsse.

Die letzten Monate meiner Dienstzeit verbrachte ich wieder an der Pionier-Schule, wo ich dank lieber Kameraden, die zwar alle ranghöher als ich waren, noch eine angenehme Zeit verbrachte.

Das war also das Ende der größten Verirrung meines Lebens, auch wenn die fünf Jahre nicht ganz nutzlos waren. Immerhin hatte ich meine Fachhochschulreife!

Ein neuer Beruf

Es gab die Überlegung, ob ich in den Öffentlichen Dienst wechseln sollte, die Laufbahn zum Finanz-Inspektor. Ich rechnete mir aus, bis wann ich die Besoldungsgruppe, die ich als Leutnant hatte, erreichen würde und verwarf den Plan. Ich hätte noch lange keine Familie gründen können. Also nahm ich zunächst ein Betriebswirtschafts-Studium auf, erhielt aber dann die Mitteilung, dass mir nur eine zweijährige Ausbildung als Rehabilitations-Maßnahme genehmigt werde. Also ließ ich mich auf „Mark und Bein" beim Arbeitsamt testen, was wohl der richtige Beruf für mich sei. Mein Organisationstalent hatte ich bereits bei der Bundeswehr unter Beweis gestellt, hinzu kamen gute Voraussetzungen für den Programmierberuf.

Ich begann also ab dem darauf folgenden Frühjahr eine „Ausbildung zum Wirtschaftsinformatiker". Außer den IT-spezifischen Fächern waren viele Ausbildungsabschnitte für mich Wiederholung, bei denen ich mich bequem zurücklehnen konnte und mir dennoch einen sehr guten Abschluss erarbeitete. Ich wusste aber bald: das ist genau der richtige Beruf! Das hätte ich eigentlich schon immer machen müssen, im Gegensatz zu Verlagskaufmann, was wohl eher eine Verlegenheits-Ausbildung war, da ich mit siebzehn Jahren nicht wirklich wusste, womit ich meine Brötchen verdienen möchte.

In die Zeit der Umschulung fielen auch meine zweiten Schritte als Frau in die Öffentlichkeit. Ich hatte mich seit den ersten Schritten an meinem sechzehnten Geburtstag als Mädchen beziehungsweise Frau nicht mehr in die Öffentlichkeit gewagt, damit ich mich nicht verrate. Nun kaufte ich mir zum Fasching ein schickes apricotfarbenes Satin-Nachthemd, das auch als Kleid durchgehen konnte. Schwarze Strumpfhose, silberfarbene Sandaletten und eine schwarze Kraushaar-Perücke vervollständigten meine Ausstattung; den BH bekam ich von Ilse geliehen, den sie allerdings nicht wieder wollte, da ich ihn ausgeleiert hatte. Gut für mich! Zur Faschingsfeier von unserer EDV-Ausbildungsklasse kam ich zunächst als wenig geschminkter Clown und gab einige Einlagen allgemeiner Art zum Besten. Zu späterer Stunde ging ich mich dann heimlich umziehen und Herrichten und erschien jetzt als Frau – mit dem Erfolg, dass mich keiner erkannte. Offensichtlich hatte noch niemand Bruno vermisst. Erst als ich meinen Mund nicht mehr halten konnte, was nicht allzu lange dauerte, wurde ich erkannt. Für alle Anwesenden war das natürlich nur ein Rollenspiel – auch für Ilse. Für mich jedoch war es endlich wieder einmal das Schlüpfen in die mir eigentlich zustehende Rolle, aber eben kein Spiel. Und ich habe mich endlich wieder einmal in die Öffentlichkeit gewagt!

Jedes Mal, wenn wir die nächsten Tage zu einer Faschingsveranstaltung gingen, war meine „Verkleidung" festgelegt: ich schlüpfte in mein hübsches „Kleid" und los ging's. Da ich immer in Gesellschaft von Freunden war, kostete es mich auch nur wenig Überwindung, mich in die Öffentlichkeit zu begeben, wie beispielsweise U-Bahn fahren. Die Leute grinsten mich an, und ich lächelte zurück. Zum ersten Mal musste ich aber auch erfahren, wie kalt es von unten her ist, wenn man relativ leicht bekleidet als Frau vom Künstlerhaus quer durch die Fußgänger-Zone bis zum „Donisl" am Marienplatz nachts um vier Uhr unterwegs ist; ich musste mich schnell bewegen, um nicht zu erfrieren. Mir fehlte schließlich die diesbezügliche Abhärtung einer Frau beziehungsweise die entsprechende Kleidung.

Leider mussten nun wieder mehrere Jahre vergehen, bis ich wieder, ohne auffällig zu werden, den Mut hatte, zur Fastnachtszeit in eine Frauenrolle zu schlüpfen.

Mit einem erstklassigen Zeugnis in der Tasche begann meinen neuen Berufseinstieg bei Siemens, wo ich sehr schnell mit meinem heiteren Wesen zu Everybody's Darling avancierte. Bis dato hatte ich ein relativ sorgenfreies Leben. Ilse und ich hatten ein gutes Einkommen, so dass wir auch etwas auf die hohe Kante legen konnten für die Jahre, wenn wir einmal eine komplette Familie sein sollten. Der Wunsch nach einem Kind war zwar schon länger da, musste aber durch meine berufliche Odyssee immer wieder nach hinten geschoben werden.

Das erste freudige Ereignis

Als wir fast acht Jahre verheiratet waren, fiel der erste „Goldene Schuss", neun Monate später wurde dann unser Alexander geboren. Die Geburtsphase verlief zunächst glatt, doch dann beobachtete ich an dem Wehenschreiber Aussetzer und verständigte die Hebamme. Das war das Ende meines Aufenthalts im Kreißsaal. Ilse musste für einen Kaiserschnitt vorbereitet werden. Nach knapp einer Stunde konnte ich dann unser erstes Baby, unseren Sohn Alexander, auf dem Arm halten, nachdem er knapp dem Erstickungstod durch Strangulation mit der eigenen Nabelschnur entgangen war. Gott sei Dank hatte er durch die Komplikationen keinen Schaden genommen.

Er entwickelte sich zu einem gemütlichen und freundlichen Baby, das immer zufrieden war, wenn es etwas zu Essen gab. Obwohl wir auf sehr gesunde Ernährung achteten, war er doch ein sehr strammer Junge, dessen Speck sich dann aber sehr schnell verlief, als er nach vierzehn Monaten endlich das Laufen begann.

Es verstrich einige Zeit, ohne dass mich die Versuchung nach Cross Dressing überfiel. Fast glaubte ich, ich könnte die Transsexualität tatsächlich durch ein Kind in den Griff bekommen und die „Veranlagung" ablegen. Der Irrtum hielt jedoch nicht lange an. Wenn im Unterbewusstsein das Wissen um das Leben im falschen Körper vorhanden ist, kann man es vielleicht für gewisse Zeiten immer wieder verdrängen, aber therapierbar ist es nicht, wie ich natürlich inzwischen längst weiß. Damals hatte ich jedoch nach wie vor die Hoffnung, es verlieren zu können – es gab noch keine Aufklärung über Transsexualität, und es gab noch kein Internet.

Dennoch war ich sehr stolz, Erzeuger eines gesunden Jungen zu sein. Es bereitete mir große Freude, den Kleinen auch einmal auszufahren, zu wickeln und ihn zu füttern, nur stillen konnte ich ihn leider nicht. Dafür sorgte aber seine Mutter mit Begeisterung; sie stillte ihn immerhin sieben Monate lang, weshalb er vermutlich auch so proper war. Als er dann laufen konnte, nahm ich ihn immer zu Besorgungen mit, ob zum Einkauf beim Metzger, wo er immer von den Verkäuferinnen verwöhnt wurde, oder am Samstag zum Bäcker. Er hatte mit seinen roten Haaren sehr viel Ähnlichkeit mit mir, so dass sich manche Leute darüber amüsierten; nur waren seine Haare gelockt, meine jedoch zu kurz, um sich zu locken. Das änderte sich allerdings nach meinem Outing – seitdem trage ich meine Haare auch lang, gelockt und rot, auch wenn ich beim Rot mittlerweile nachhelfen lassen muss.

Die ersten Jahre mit Alexander waren wirklich sehr schön und mein Verlangen nach Rollenwechsel relativ selten. Er war sehr pflegeleicht, und so konnten wir ihn überall hin mitnehmen, ohne dass es für ihn zum Nachteil gewesen wäre. Allerdings hatten wir eine wirtschaftlich kritische Zeit kurz nach seiner Geburt zu überstehen, da ich mich inzwischen selbständig gemacht hatte und geschäftlich von einem so genannten Freund über den Tisch gezogen worden war. Zu allem Überfluss ging ich daraufhin noch eine unglückliche Geschäftsverbindung ein, die mehr kostete, als sie Erlöse brachte.

Durch die Gründung der Familie hatte ich also zum ersten Mal Verantwortung für andere als mich selbst übernommen. Zwei weitere Personen waren von mir abhängig, für die ich zu sorgen hatte. Das war nicht immer einfach! Und so hatte ich auch meine Leichtigkeit und Beschwingtheit ein bisschen verloren. Jetzt musste ich mich manchmal einer Sache unterordnen, die mich früher nicht tangiert hätte. Aber ich will nicht klagen. Ich wollte eine Familie mit allem Wenn und Aber. Und es war in meinem Sinn, dass die Mutter sich ausschließlich mit Erziehung, Familie und Haushalt beschäftigt, und ich die „Kohlen" heranschaffe, was mir in der Regel auch gelang.

Der zweite Streich

Dreieinhalb Jahre nach der Geburt von Alexander kam das zweite Kind zur Welt. Wir hätten uns sehr über ein Mädchen gefreut, wollten dennoch beim Ultraschall nicht wissen, ob es ein Junge oder ein Mädchen wird. Hauptsache, das Kind kommt gesund zur Welt.

Da das Baby wegen Steißlage auch mit Kaiserschnitt geholt werden musste, war ich wieder – wie damals noch vorgeschrieben – von der Geburt ausgeschlossen. Nachdem es nach dem Erblicken des Lichtes der Welt gereinigt war, hörte es plötzlich zu atmen auf, und ich erschrak sehr. Doch nach sofortiger Herzdruckmassage durch die Kinderärztin atmete es sofort wieder weiter. Es verlief alles so schnell, dass es mir erst später bewusst wurde, was da gerade passiert war.

Aber es war wieder ein Junge! Also hieß das Kind nicht Sandra Verena sondern Markus Florian, wobei wir den

Florian als zweiten statt ersten wählten, da ein bayrischer Vorname sich unseres Erachtens nicht mit dem preußischen Nachnamen Schmittke vertragen hätte; als zweiter Name war er vertretbar.

Es zeigte sich sehr bald, dass er – anders als Alexander – ein sehr anstrengendes Kind mit starkem Willen war.

So hatten wir den ersten zwei Münchnern in unserer Familie das Leben geschenkt, nachdem Ilse und ich in den Augen von eingefleischten Bayern als Unterfranken ja als Preißn zählen. Inzwischen sind sie längst erwachsen. Ich möchte dennoch keine Phase der Kindheit meiner Söhne missen, auch wenn ich nicht immer so viel Zeit für sie hatte, wie Ilse und ich es gerne gesehen hätte.

Land-Ei

Nachdem Markus auf der Welt war, fiel der Entschluss, von der Stadt in zentraler Lage an einer sehr stark frequentierten Straße aufs Land zu ziehen. Durch Freunde wurden wir auf eine reizvolle Spielstraßen-Siedlung in Heimstetten aufmerksam. Der Ort hat S-Bahn-Anschluss, und man kann in gut zwanzig Minuten mit dieser das Zentrum Münchens, wo ich arbeitete, erreichen. Außerdem war der Preis für das Haus, das uns für siebzigtausend Mark unter regulärem Preis angeboten wurde, für uns finanzierbar. So wurde ich ein Land-Ei, nachdem ich zuvor über elf Jahre in München gelebt hatte.

Jetzt hatten wir richtig Schulden – dafür würde ich sehr lange arbeiten müssen, bis wir das so genannte Kettenhaus, quasi eine Doppelhaushälfte, die jedoch mit dem seitlich angesetzten Treppenhaus mit dem Treppenhaus des nächsten Hauses zusammenstieß, unser eigen nennen könnten. Die Finanzierung war auf dreißig Jahre geplant, dabei würde ich auch alt werden, nachdem ich bei Bezug kurz vor meinem vierunddreißigsten Geburtstag stand. Auch fehlte noch vieles, was noch gemacht werden musste: der Garten, der Dachgeschoß-Ausbau, der Keller-Ausbau und noch der eine oder andere Einbau-Schrank.

Es gab viel zu tun – also packten wir's an. Zunächst mussten Pflanzen in den Boden, und so hatte ich am „Tag der Arbeit" nichts Besseres zu tun, als mein erstes Bäumchen sowie einige Büsche zu pflanzen. Dass an diesem Tag die radioaktive Tschernobyl-Wolke über uns schwebte, wurde von den Medien und der Regierung verniedlicht, und so scherte ich mich auch nicht darum. Es ist anscheinend auch nichts davon zurückgeblieben ..blieben ..blieben ..blieben! Die Pflanzen gediehen prächtig.

Danach war der Ausbau der Einlieger-Wohnung im Dachgeschoß angesagt, die wir vermieten mussten, da wir die Einnahmen benötigten.

Erste Vorwürfe wurden laut, die Kinder hätten überhaupt nichts von mir, und ich solle halt meinen Stundensatz erhöhen, damit ich nicht in der Firma sechzig Stunden in der Woche arbeiten müsste, sondern auch eine normale Arbeitszeit genügen würde. Da aber in der Firma so viel Arbeit war, wäre eine Verkürzung der Arbeitszeit illusorisch gewesen; außerdem kann man nicht beliebig an der Honorar-Schraube drehen. Leider erhöhten die sicher berechtigen Hilferufe den Druck auf mich, aber ich konnte doch nicht aus meiner Haut. Die ersten Jahre im neuen Haus haben unsere Ehe auf eine harte Probe gestellt – ich wäre am liebsten manchmal davon gelaufen. Auch kam ich mir manchmal nur noch wie der Finanzier der Familie vor, da ich mich sehr hinter die Kinder zurückgesetzt fühlte.

Wie bereits erwähnt, war Markus sehr lebhaft und nahm Ilse sehr stark in Anspruch.

Rückblickend habe ich aber auch Verständnis für das Verhalten von Ilse, da die Verantwortung für die Erziehung weitgehend auf ihr ruhte, und sie mich als Erziehenden mit ersetzen musste, da ich nicht die Zeit aufbringen konnte, die für die Erziehung erforderlich gewesen wäre.

Und was war mit der Frau in mir?

Durch die viele Arbeit war sie meistens eingesperrt und meldete sich nur äußerst selten. Auch waren die Gelegenheiten, in die Frauenrolle zu schlüpfen, sehr begrenzt, da Ilse mit den Kindern fast immer anwesend war. Nur im Fasching konnte ich in dieser Zeit ich selbst sein.

7.   *Doch hatt' ich auch eine sehr schöne Zeit*

zu jedem Unfug war ich bereit:

Bei `ner Hüttengaudi oder im Verein

sollt' ich mit mein'm Akkordeon der Mittelpunkt

sein.

Von nun an ging's bergab

(1986 bis 2001)

It's Party Time

Nachdem der Keller ausgebaut war – ich hatte ganz alleine eine Zwischenwand eingezogen und eine Keller-Bar eingebaut sowie den Raum liebevoll ausgestattet –, wurden ausgelassene Feten darin gefeiert. Die körperliche Arbeit hatte allerdings die Auswirkung, dass ich mehr Muskeln aufbaute, als der Frau in mir recht war; die Schultern wurden breiter und der Körperbau insgesamt männlicher.

Nach Fertigstellung der Keller-Bar konnte ich endlich an Fasching wieder ich selbst sein! Außerdem hatte sich eine dicke Freundschaft mit den Nachbarn im Laufe des ersten Jahres bereits entwickelt, und wir feierten sehr häufig miteinander.

An unserer ersten Silvester-Feier mit den Nachbarn überraschte uns Achim, als er zu späterer Stunde kurz verschwand und im Kleid seiner Frau erschien, das sie am Standesamt über fünfzehn Jahre zuvor getragen hatte, und ihr nicht mehr passte. Er verkleidete sich also auch gerne, allerdings nur zu gegebenen Anlässen. So hatte ich einen „Gleichgesinnten" gefunden! Allerdings, so habe ich später von ihm erfahren, machte er das nur, weil er ganz gerne mal in die Frauenrolle schlüpfte. Wir hatten mit der Zeit ein tiefes Vertrauen entwickelt und waren so eng befreundet, dass wir uns selbst die intimsten Dinge erzählten. So ergab sich auch, dass ich ihm eines Tages – allerdings erst Jahre später – von meiner Veranlagung erzählte. Er war sehr verständnisvoll und riet mir, mich mit entsprechenden Fachleuten zu unterhalten. Er sagte damals zu mir: „Du musst das nicht mit ins Grab nehmen, Du bist da noch zu jung dafür! Du hast die Hälfte Deines Lebens noch vor Dir, Du kannst auch anders diese Jahre genießen." Er munterte mich auf, mein Leben als Frau zu leben. Später erlebte ich durch ihn die größte Enttäuschung einer Freundschaft.

Doch zurück zu den Feten!
Nach dem ersten Silvester im neuen Haus folgte bald die erste Faschingsparty mit improvisierter „Verkleidung" im Kreise der direkten Nachbarn; wir waren zu sechst. Auch trug ich damals Ilse zuliebe noch Schnurrbart, der mich eigentlich störte, ihr aber gut an mir gefiel, da ich dadurch reifer und nicht so jugendlich wirkte. Ich hatte bei Ilses Kleidung einen Minirock mit dehnbarem Bund gefunden, der mir passte. Dazu ein Pulli, Stumpfhose und die silbernen Sandaletten. Schnell noch ein bisschen Schminke, eine Perücke aufziehen und fertig war „Brunhilde". Achim war auch mit Begeisterung dabei. Zu fortgeschrittener Stunde war es mir ein Bedürfnis, mich in mein apricot-farbenes Nachthemd-Kleid umzuziehen; darunter trug ich einen Strapsgürtel von Ilse, den ich mit einem Gummiband verlängert hatte, damit er mir passte, und schwarze Strümpfe sowie lange Netzhandschuhe.
Kurze Zeit später kam eine andere Nachbarin auf die Idee, ich möge doch einmal ihr Kleid von der standesamtlichen Trauung anziehen, das müsste mir eigentlich passen. Gesagt – getan! Ich zog mich vor den Nachbarn ohne Hemmungen um, wir hatten ja schon einiges getrunken und waren schon recht beschwingt. Noch heute habe ich das nicht enden wollende Lachen von Achims Frau im Ohr, als sie mich mit der Verlängerung des Strapsgürtels

sah – und er filmte den Striptease. Das war also unser erster Fasching mit den Nachbarn!

In den nächsten Jahren wurden die Faschings-Feten schon etwas „professioneller": ich begann meinen Fundus an Frauen-Kleidung auszubauen, wobei sich Ilse übrigens gar nichts dabei dachte – für sie war es Verkleidung. Für mich war es aber immer wieder das Gefühl, endlich im richtigen Äußeren zu erscheinen, und ich war überglücklich in meinem Outfit. Schon beim Anziehen durchfuhren mich wieder diese elektrischen Blitze beim Berühren der Wäsche. Meine Haare trug ich damals schon etwas länger und veränderte statt einer Perücke meine Frisur, manchmal färbte ich sie auch mit auswaschbarer Faschingsfarbe.

Den Schnurrbart hatte ich endlich abgenommen. Dabei empfand ich eine gewisse Befreiung von einem männlichen Statussymbol. Am nächsten Arbeitstag machten mir meine Kolleginnen und Kollegen in der Firma Komplimente und befanden, dass ich fünf Jahre jünger aussehen würde. Gegen dieses Argument konnte sich Ilse natürlich nicht mehr verwehren – und der Schnurrbart blieb für immer ab!

Auch stellte ich meine Geburtstags-Party, die immer in den Fasching fiel, öfter unter ein Motto und die Gäste machten alle mit. Bei diesen Themen achtete ich stets darauf, dass für mich auch eine Frauenrolle abfiel – so auch bei einer Pyjama-Party. Die Runde der Party-Gäste bewegte sich im Allgemeinen zwischen fünfzehn und zwanzig Personen, die sich alle dem Motto unterordneten. Was hatten wir immer eine Gaudi! Allerdings hatten Ilse und ich auch immer einen ganzen Tag zu tun, die

Party vorzubereiten; es war genauso ihre wie meine Party
– es waren unsere Freunde, die eingeladen waren.

Und wieder lockt die Bühne

Wir hatten drei Monate vor meinem Vierzigsten eine
Band gegründet. Ich war der Jüngste, und der Älteste war
ca. vier Jahre älter. Wir wohnten alle im Umkreis von ein
paar hundert Metern. Als Übungsraum diente die erste
Zeit mein Party-Keller. Da mein Nachbar Achim unser
größter Fan war, gab es keine Probleme wegen Ruhestö-
rung. Meist saß er unter uns und gab uns nützliche Tipps,
was wir verbessern könnten. Es gelang uns, zehn Oldies –
mehr schlecht als recht – bis zu meinem Geburtstag ein-
zuüben.

It's Show Time

Wir hatten vierzig Gäste zu meinem Vierzigsten geladen
und für gute fränkische und hessische Brotzeit gesorgt.
An Getränken fehlte es ebenfalls an nichts. Der Höhepunkt des Abends war natürlich die Band – „by chance" –
wie wir uns später nannten. Um die Gäste alle unterzu-
bringen, hatten wir das Wohnzimmer im Erdgeschoss
ausgeräumt und drei Biergarten-Garnituren aufgestellt.
Achim hatte seine Video-Kamera im Keller an die Anten-
ne so angeschlossen, dass man im Wohnzimmer im Fernsehen verfolgen konnte, was sich im Keller tat.
Ich war zunächst als Clown verkleidet, hatte mich aber
„von unten her" schon für meine Überraschung des
Abends angezogen: Corsage und Strümpfe zum Anstrap-

sen. Mein Schwager begrüßte mich und bemerkte, dass er eigentlich erwartet hätte, mich im Frauengewand anzutreffen. Als er mich dann in den Arm nahm, wurde er dann doch ein bisschen stutzig über das, was er da unter dem weiten T-Shirt spürte – jedoch, ohne etwas dazu zu sagen.

Nachdem die Gäste – alle in bunten und teilweise sehr ausgefallenen Kostümen – vollzählig waren und ihren Begrüßungs-Cocktail getrunken hatten, wurde das Büffet eröffnet und die Gäste waren von der etwas anderen Bewirtung begeistert, da man in Südbayern normalerweise solche Köstlichkeiten nicht alle Tage bekommt. Meine Mutter sorgte fleißig für Nachschub an Würzburger Bratwürsten aus der Küche. Nachdem der erste Hunger gestillt war, begann die Band, ihr Gesamt-Repertoire zum Besten zu geben. Die Oldies kamen bestens an, obwohl wir alles andere als gut damals waren. Wir selbst hatten höhere Ansprüche an uns als die Gäste. Alle waren begeistert.

Einige Gäste hatten anlässlich des runden Geburtstags Einlagen vorbereitet, die nun von ihnen vorgetragen wurden; es war sehr lustig und für mich erhebend, dass meine langjährigen Freunde sich solche Mühen mit der Dichtkunst gemacht hatten. Nachdem dann auch die Geschenke ausgepackt waren, und ich mich höflich bedankt hatte, kam für mich der Höhepunkt des Abends!

Wochenlang hatte ich mich darauf vorbereitet und den Auftritt geübt: die Verkleidung vom Clown zum Vamp auf die „Deodato"-Version von „Also sprach Zarathustra", auch bekannt als Filmmusik von „2001 – Odyssee im Weltraum", die circa neun Minuten dauert. Die Neugierde war sehr groß, alle hatten sich im Keller versammelt, um einen guten Platz zu ergattern. Man hätte vor Spannung eine Stecknadel fallen hören! Dann gab ich dem „Kapellmeister" das Zeichen, die Schallplatte abzuspielen – jawohl, noch keine CD. Die Gäste und ich hatten einen Heidenspaß an meiner Darbietung. Durch die Dauer des Stückes konnte ich auch mit meiner Verwandlung spielen, ohne gleich alles zu zeigen. Am Ende stand eine ganz andere Person vor den Leuten als zu Beginn des Abends. Meine Ausstrahlung hatte sich durch die Verwandlung total verändert. Für andere war es Show, für mich Leben – ich war endlich wieder ich selbst!

Natürlich blieb ich für den Rest des Abends in meiner Rolle. Später durfte die Band nochmals ran, jetzt mit „Brunhilde" als Keyboarder. Und so klang der Abend dann in den frühen Morgenstunden zu aller Zufriedenheit aus. Von einigen Gästen bekam ich das Kompliment, dass sie noch nie einer so tollen Fete beigewohnt hätten. Übrigens, „Brunhilde" habe ich nie gerne gehört, aber es war eben die weibliche Ableitung von Bruno. Ich habe diesen Namen für mich eher als Schimpf- denn als Kosenamen empfunden – ich bin doch keine Walküre!

Die „Faschingsschlampe"

Allmählich traute ich mich auch am Faschings-Dienstag als Frau auf die Straße. Ich machte mich dazu bevorzugt aufreizend und verrucht zurecht und war somit **die** Faschingsschlampe schlechthin beim Heimstettener Straßen-Fasching. In dieser Rolle fühlte ich mich sehr wohl, gerade das sexy Outfit gefiel mir sehr an mir – wie eine zweite Haut. Es war schon eigenartig! Ich wollte nie eine brave unschuldige Frau darstellen, sondern hatte immer einen gewissen Hang und Drang zum Ordinären. So wurde die Verkleidung auch als solche von den Mitmenschen wahrgenommen, ohne dass diese auf die Vermutung gekommen wären, ich sei nicht nur verkleidet. Vor allen Dingen aber wollte ich sexy sein und so wahrgenommen werden.

Mein Akkordeon öffnet mir viele Türen

Inzwischen waren meine Söhne im Sportverein aktiv, und an den Wochenenden gehörte ich ihnen, um bei ihren Fußball-Spielen zuzuschauen und sie anzufeuern. So wuchs ich mehr und mehr auch in den Verein hinein, da immer Helfer und Hilfsbetreuer gefragt waren. Auf Grund meines allgemeinen Engagements war ich dann meist in vorderster Front zu finden. Zum Feiern brachte ich immer häufiger mein Akkordeon mit und unterhielt die Leute, denen mein abwechslungsreiches Spiel sehr gefiel. Auch begeisterten sie sich über mein Talent, ein Stück, das ich zwar kannte, aber nicht zu meinem Repertoire gehörte, improvisieren kann.

Mehr und mehr wuchs ich selbst, unabhängig von den Söhnen, in den Verein hinein. Während ich, als ich früher in der Stadt wohnte, der häusliche Typ war, zog es mich nun immer häufiger in die Gesellschaft, sowohl zu Hause mit der Nachbarschaft als auch im Vereinsheim. Ich fühlte mich dort sehr wohl und lernte dann auch die alteingesessenen Heimstettener aus dem ursprünglichen Ortskern kennen, die im Fußball sehr engagiert waren. Zu

Hause hatten wir längst unsere Bierbank vor dem Haus, sobald das Wetter mitspielte. Irgendjemand aus der Nachbarschaft leistete dann alsbald Gesellschaft.

Die gröbsten Arbeiten im und ums Haus waren erledigt, und so konnten wir diese gemütlichen Stunden sehr genießen. Leider zog mein Nachbar und Freund Achim im Sommer nach meinem Vierzigsten nach Hannover, und so fehlte mir eine wichtige Vertrauens-Person. Es gab zwar damals auch schon Telefon – ein persönliches Gespräch ist aber doch etwas anderes. Ich habe unter dem Verlust mehr oder weniger gelitten.

Zurück zum Verein! Zu allen möglichen Anlässen – Aufstiegsfeier, Turnier usw. – hatte ich mein Akkordeon im Sportverein zur Hand. Ich war für Alle schlichtweg der „Gaudi-Bursche", daran hatten viele Männer und auch Frauen Jahre später sehr zu knapsen, weil sie hinter dieser Fassade nie ein weibliches Wesen erwartet hätten.

Da die meisten Alt-Heimstettener in mehreren Vereinen aktiv bzw. Mitglied waren, wurde ich mehr und mehr auch in die anderen Vereine mit einbezogen, um für gute und kostenlose Unterhaltung zu sorgen; des Öfteren war ich Gast des Hauses bzw. des Vereins und musste für Essen und Trinken nichts bezahlen. Nachdem ich einige Male mit dem „Hoaschdenger Kegel-Club" bei Ausflügen unterwegs war, kam man auf mich zu, um mich als Mitglied zu werben; also trat ich auch hier bei.

Ein Vorstandsmitglied des „Soldaten- und Veteranen-Vereins Heimstetten" lief mir jahrelang nach, um mich als Mitglied zu werben. Als ich ihn dann wieder einmal am S-Bahnhof traf, bot ich im keck an, wenn er jetzt einen Aufnahmeantrag dabei hätte, dann könnten wir über einen Beitritt reden. Und er hatte einen dabei, weil er sich schon gedacht hatte, mich an der S-Bahn zu treffen. Also kam ich nicht mehr umhin, meinen Beitritt zu besiegeln. Als vormaliger Leutnant war ich für den Verein durchaus eine Bereicherung – überhaupt der höchste Dienstgrad der Mitglieder.

Die Kinder benötigten den Vater nur noch bei bestimmten Anlässen, und Ilse war ganz zufrieden, wenn sie sich mit sich selbst beschäftigen konnte. Es störte sie nicht, dass ich häufiger „auf der Walz" war. Alle waren mit dem Alltag rundherum zufrieden, zumal beruflich auch alles glatt lief. Dazwischen gab es aber immer wieder Momente, in denen mich meine innere Sehnsucht überkam. Die Gelegenheiten zum Cross Dressing waren selten gegeben, da Ilse nicht zur Arbeit ging und die Söhne auch jederzeit außerhalb des Schulunterrichts auftauchen konnten. Trotz aller äußerlich sichtbaren Zufriedenheit schlummerte doch eine große Trauer tief in mir drin.

Doch es ging irgendwie immer weiter!

Für meine Auftritte scheue ich keinen Aufwand

Für meine Geburtstags-Feten suchte ich immer wieder neue Ideen, wie ich die Bar dekorieren könnte, welche Schmankerln wir zubereiten könnten, und vor allen Dingen, in welche Rolle ich zu einer Devise schlüpfen könnte. Der größte Aufwand bestand immer darin, die Bar entsprechend dekorativ auszustatten. Aber auch die passenden Kleidungsstücke mussten gefunden werden. Wie viele Sonderangebots-Tische und Strumpf-Regale habe ich durchwühlt, wie viele preiswerte Schuhläden durchforstet, bis ich das Passende beieinander hatte. Um keine schlafenden Hunde bei Ilse zu wecken, habe ich auch immer sehr auf den Preis geachtet und sparsam einge-kauft, damit sie keinen Verdacht schöpfte. Meistens wur-de ich beim Shopping im Winter-Schluss-Verkauf fündig. Unmittelbar vor den Feten, die immer samstags stattfan-den, erledigten Ilse und ich freitags den Einkauf, um dann den ganzen Samstag die Speisen zu kochen bzw. zuzubereiten sowie das Büffet und die Getränke herzu-richten. In der Regel waren wir mit den Vorbereitungen gegen siebzehn Uhr fertig, nachdem auch schon die ers-ten auswärtigen Gäste eingetroffen waren. Die zwei Stun-den bis zum Beginn der Fete benötigte ich aber auch dringend für die Frau in mir: zum duschen, anziehen, Haare herzurichten, schminken und Fuß- und Fingernä-gel lackieren. In den meisten Fällen waren die ersten Gäste schon beim Aperitif, bis ich in meiner heiß ersehn-ten Rolle als Frau erschien – es war immer ein großes Hallo mit kleinen letzten Tipps zu meinem Outfit.

Die wichtigsten Mottos möchte ich gerne im Einzelnen aufzählen:

„Auf der Alm, da gibt's koa Sünd'!"

Hierzu hatte ich extra bei dem einzigen Heimstettener Bauer, der noch Tierhaltung hat, einen Strohballen orga-nisiert, den ich als „Ruhelager" vor der Theke platzierte – der Platz für die Sünde. Wie heißt es doch so schön: „Auf der Alm, da darf man lieben, denn im Herbst wird abge-trieben". In Holztafeln hatte ich die Hinweise „Zur Alm" (mit Pfeil), „Kuhstall" und „Saustall" gestanzt und ange-malt und diese an entsprechender Stelle aufgehängt; die

Idee fand nicht nur ich ganz witzig. Zur Kleidung der Gäste: Fasching verkehrt! Die Frauen kamen als Burschen in Lederhose, die Männer kamen im Dirndl – fesch!

„Varieté! "
Bei der Dekoration habe ich viel mit Spiegeln gearbeitet. Ich selbst präsentierte mich als Nummern-Girl. Die Gäste waren auch sehr passend als Lebedame oder Zuhälter gestylt.

„Ein Käfig voller Narren!"
zeichnete sich dadurch aus, dass ich die Eingangstür zur Bar ausgehängt und stattdessen eine Gittertür gebastelt und eingehängt hatte. Aus Fotos von früheren Faschings-Feten hatte ich Kollagen in rahmenlosen Bilderhaltern zusammengestellt und darüber ein bemaltes Käfiggitter aus Holz und dickem Draht gesteckt. Da wir ja alle mehr oder weniger Narren waren, war jedes Kostüm willkommen.

„Hollywood"
Dieses Motto hatte ich ausgegeben, nachdem ich schon meine ersten Travestie-Kostüme hatte. Zur Dekoration habe ich Posters von Film-Klassikern besorgt und als Plakate aufgezogen, die aufgestellt bzw. aufgehängt wurden. Ich selbst erschien als Marilyn Monroe.

„Es ist was los im Hexenhaus!"
Was so eine richtige Hexe ist, die braucht nicht nur das Aussehen einer Hexe, sondern auch ein Hexenhaus, ei-

nen Backofen zum Braten vom Hänsel und so allerlei unappetitliche Zutaten, um einen Hexentrank zu bereiten. Für die Grundstimmung habe ich schwarze und rote Bahnen aus breitem Krepp-Papier an der Decke entlang gezogen. Die Wand schmückten große Lebkuchen aus Karton. Die meiste Arbeit machte aber der Ofen, den ich aus Karton gebastelt und bemalt hatte. Auch an eine Tür im Ofen hatte ich gedacht, um die Kinder hineinstecken zu können. Die hatten dann auch einen Heidenspaß damit. Länger hatte ich mich gegen eine Hexen-Fete gesträubt, da ich mich ja lieber schön und sexy präsentierte. Aber als Hexe fühlte ich mich dann auch ganz wohl – Hauptsache Frau! Für die Gaumenfreuden hatte ich mir auch allerlei einfallen lassen: Erdnuss-Flips als Engerlinge, Kiwi-Limes als Krötenschleim, Erdbeer-Limes als Schlangenblut und zum Essen einen „Satansbraten", einen Schweinerücken am Stück mit feuriger Zigeuner-Soße. Das ganze sehr gelungen!

und als Krönung

„Caribbean Night"
Das war die letzte große Faschings-Party, die wir in meinem Party-Keller gefeiert haben. Ich hatte wenige Wochen zuvor Ilse gegenüber mein Coming Out, sonst wusste niemand davon. Als ich nichts Passendes zum Anziehen außer einem schönen Stoff gefunden hatte, beschloss ich, mir mein Kostüm zum ersten Mal selbst zu nähen; dabei half mir eine Nachbarin und verriet mir außerdem Tipps und Tricks zum Nähen. Ilse wunderte sich jetzt

auch nicht mehr, dass ich auch solche eher weiblichen Tätigkeiten wahrnahm.

Für die Ausstattung der Bar hatte ich mir etwas sehr Aufwändiges einfallen lassen. Für die eine Wand erstellte ich auf weißen Papier-Tischdecken ein sechs Quadratmeter großes karibisches Landschafts-Gemälde. Für die gegenüberliegende Seite erstellte ich ein vier Meter langes Plakat mit dem Schriftzug „Caribbean Night", wobei aus dem „N" eine Palme wuchs und noch kleinere Gemälde das Plakat ergänzten. Dazu benötigte ich sechs Wochen Vorlauf. Ich meine, der Aufwand hatte sich gelohnt. Zur Begrüßung der Gäste gab es einen Rum-Punsch nach original-karibischem Rezept. Die schon fast erwachsenen Söhne sorgten für die Cocktails. Zu essen gab es Spezialitäten, für deren Zubereitung wir uns extra ein spezielles Kochbuch gekauft hatten.

Außer den Partys gab es im Fasching immer noch weitere Gelegenheiten für mich, in die Frauenrolle zu schlüpfen, es waren aber nie genug! Der schlimmste Tag im Jahr war immer der Aschermittwoch! Ich musste jetzt wieder über dreihundertdreißig Tage warten, bis ich wieder in die so sehr ersehnte Rolle schlüpfen durfte! Es war grausam!

Dies änderte sich erst einige Jahre später, als ich für mich die Travestie als zusätzliches Ventil entdeckte.

Der Alltag war so ausgefüllt, dass mir Gott sei Dank gar nicht so viel Zeit zum Überlegen blieb. In der Firma hatte ich immer mehr als vierzig Stunden pro Woche, dann warteten die Kinder auf ihren Papa und es gab immer wieder kleinere und größere Arbeiten rund ums Haus; für das Handwerkliche war ich, als der Mann im Hause, zuständig. Ich selbst trainierte auch ein bisschen Fußball, obwohl ich wusste, dass ich das nicht wirklich kann; aber Bewegung und das anschließende Beisammensein taten mir gut. Donnerstags durfte ich natürlich beim Stammtisch im Sportheim nicht fehlen. Häufig, wenn es den Wirt in den Fingern juckte, übernahm ich die Theke und Bedienung, damit der Wirt seinem Kartenspiel-Trieb nachgehen konnte. Ich habe es gerne gemacht, und er hatte seine Freude. Ein bisschen war das alte Sportheim auch mein Zuhause. Die Wirtsleute waren sehr liebe Leute, die auch immer sehr dankbar waren. Da die Wirtsfrau eine sehr gute Köchin war und sich darauf verstand, südtiroler Hausmannskost sehr gut zuzubereiten, haben wir auch die Bewirtung an Ilses fünfzigsten Geburtstag durch die Wirtsleute durchführen lassen.

Doch nun wieder zurück zum Alltag!
Freitags war Band Time! Diesen Tag habe ich immer freigehalten. Es ist etwas sehr schönes, gemeinsam zu musizieren. Auch wenn das, was wir ablieferten, nicht immer nach Musik klang, sondern mehr nach Krach. Das spornte uns nur noch mehr an. Im Sommer nach meinem Vierzigsten war unser Repertoire mit ca. dreißig Stücken groß genug, um für die Unterhaltung bei unserem ersten großen Siedlungsfest zu sorgen. Wir hatten am Vormittag uns eine tolle Bühne aufgebaut, doch der Wettergott meinte es nicht gut mit uns. Er schickte uns ein Gewitter, dass wir die Bühne abbauen mussten, bevor uns die Planen vom Sturm zerrissen wurden. Da die gesamte Organisation des Festes bei uns Band-Mitgliedern lag, trom-

melten wir einige Helfer zusammen, um zu beratschlagen, wie wir das Fest retten können. Ein Anwohner stellte seine Boots-Plane zur Verfügung und wir besorgten im Baumarkt einige Balken, um ein provisorisches Zelt aufzustellen. Immerhin erwarteten wir zwischen hundertfünfzig bis zweihundert Teilnehmer. Es stellte sich aber leider heraus, dass die Boots-Plane morsch war und schon bei der Montage riss, also musste auch noch eine neue Plane her. Für die Bühne hat ein Anwohner spontan seinen LKW zur Verfügung gestellt, so dass die Fete doch noch bewerkstelligt werden konnte. Die Leute kamen dann auch sehr zahlreich, und wir spielten mit der Band zum ersten Mal vor größerem Publikum. Ich war noch ganz stolz auf meinen neuen Synthesizer (nicht, dass jemand was falsches denkt: ein Musikinstrument!).

Da die Ladefläche des LKW gefedert war, durften wir uns nicht so heftig auf der Bühne bewegen. Als ich bei „Satisfaction" meine gewohnte Action auf die Bühne legte, hatte der Bassist Angst, dass ihm der Verstärker von der Box herunterrutschen könne. So verlegte ich meinen Auftritt auf das Bühnenelement, das wir vor dem LKW aufgebaut hatten. Die Begeisterung des Publikums war groß und bestätigte uns, dass wir auf dem richtigen Weg waren. Auch die Zusammenstellung unseres Repertoires kam sehr gut an.

Wir hatten einige Stücke einstudiert, in denen wir richtig aufgingen. Auf meinem Synthesizer hatte ich einige Einstellungen gefunden, die für einen tollen Effekt bei dem einen oder anderen Song sorgte: „Engelsstimmen" für „Nights in white satin" und Songs von „Roy Orbison", sehr schöne Strings für „Still got the blues", satten synthetischen Klang für „Jump" oder Percussions für „I can't dance". Auch meine Kollegen waren bei diesen Songs voll bei der Sache, dass diese häufig zu den Highlights unserer relativ seltenen Auftritte wurden. Es hat Spaß gemacht! Manche in der Band, so wie ich, hätten gerne häufiger gespielt, wozu aber ein kommerziellerer Touch notwendig gewesen wäre. Die Meinungen gingen auseinander, ob ein Stück in jeder Beziehung einhundertprozentig zu covern sei oder das Stück als solches erkennbar sein sollte, aber eine eigene Note haben sollte. Ich war schon immer der Meinung, das Stück muss eine Seele haben, ob jetzt jeder Ton genauso wie im Original sitzt oder nicht. Man kann sich auch zu Tode üben mit Feinheiten, die vom Publikum meist nicht erkannt werden. Um jedoch ehrlich zu sein, fehlte bei manchem auch ein wenig das Können für den Part, den er übernommen hatte. Dennoch waren wir eine ganz lustige Truppe, die ihren Spaß an der Musik hatte. Wie unser Schlagzeuger Klaus auch meinte: „Wir sind nicht die beste Band, aber sicher die lustigste!".

Bei einem Faschings-Auftritt in der „Kraft-Halle" (so hießen die Besitzer!) machte ich mir einmal den Spaß, mich in der Pause als Putzfrau umzuziehen, und mit einem Scheuertuch die Becken des Schlagzeugs wienerte. Einige Musiker stutzen zunächst und wollten mich zurechtweisen, dass ich da nichts auf der Bühne zu suchen hätte – bis sie mich erkannten; das war ein wirklich gelungener Scherz.

Wie es irgendwann bei einem so bunt zusammen gewürfelten Haufen kommen musste: die Band begann sich aufzulösen. Dem Sänger und Rhythmus-Gitarrist war die

Qualität einiger Musiker nicht mehr gut genug, und er meldete sich ab. Da er aber die meisten Songs gesungen hatte, war es für die Band schwer, weiterzumachen. Nach einigen Übungsstunden warf auch ich das Handtuch. Ein anderer Versuch mit einer neuen Formation mit unserem früheren Sänger scheiterte, da in dieser nun zwei Profis standen, deren Forderungen ich mangels Zeit nicht erfüllen konnte. Es sollte ja als Hobby Spaß machen und keine zweite Arbeitstätigkeit sein.

8. *Dann sprachen mich gute Bekannte an,*

    ob ich bei Jesus Christ Superstar mitsingen kann.

    Mein Auftritt im gold'nen King-Herod-Gewand

    in München im Gasteig seinen Höhepunkt fand.

    Von nun an ging's bergab

    (1995 bis 2003)

Mein goldenes Bademäntelchen

Mit der Band hatte es also nicht geklappt! Dafür hatten sich parallel ganz neue Perspektiven aufgetan. Gute Bekannte von mir fragten mich, ob ich nicht Lust hätte, bei der Aufführung einer Rock-Oper mitzumachen. Auf Grund meiner Bühnen-Show, die ich mit der Band gezeigt hatte, sei ich prädestiniert für ein Mitwirken bei „Jesus Christ Superstar". Da ich schon immer mein komödiantisches Talent zur Schau gestellt hatte, sei ich die ideale Besetzung für die Rolle des schwul dekadenten „King Herod". Ich überlegte nicht lange, weil mich die Aufgabe sehr reizte, mit jungen Leuten solch ein Projekt auf die Füße zu stellen. Wir waren noch ein dreiviertel Jahr vor dem geplanten Auftritt, aber die Proben von vier jungen begnadeten Musikern waren schon in vollem Gang, da sie eine gewisse Vorlaufzeit benötigten.

Um mich vorzubereiten, kaufte ich mir erst einmal die Video-Kassette mit dem Original-Film von 1973. Als ich den Herodes im Film sah, wusste ich, warum ich ausgesucht worden war: ich war wirklich die Ideal-Besetzung für die mir zugewiesene Rolle. Außerdem erwarteten mich noch eine Reihe anderer Rollen, die ich übernehmen durfte.

Inzwischen waren alle Rollen besetzt. Wie sich später herausstellte, war jeder in seiner Rolle die richtige Besetzung. Die Verantwortlichen hatten die Aufführung so geplant, dass ein kleinstmögliches Ensemble geschaffen werden sollte. Für die Abendmahl-Szene waren zwölf Apostel inklusive Judas notwendig, dazu kamen Jesus und Maria Magdalena. Also gab es insgesamt vierzehn

Sänger, die Minimal-Besetzung. Diese hatten jeweils ihre größere Hauptrolle wie „Jesus", „Judas" und „Maria Magdalena" oder eine kleinere Hauptrolle mit ein bis drei Auftritten. Hinzu kamen für uns Leute mit den kleineren Rollen noch Volk-Szenen, Jünger Jesu, Apostel, Lepra-Kranke, Händler bei der Tempelszene und viele andere.

Vor allem stellten wir den Chor mit je drei Sopran-, Alt-, Tenor- und Bass-Stimmen. Und dieser hatte – ohne in Eigenlob verfallen zu wollen – wirklich Klasse! Es läuft mir heute noch eiskalt den Rücken hinunter, wenn ich an die großen Chorszenen wie der Song „Superstar" und andere denke. Nicht nur im Chor, sondern in der ganzen Darbietung, waren wir wirklich das Beste, was man von Amateur-Musikern und –Sängern erwarten kann. Das hörte sich insgesamt sehr professionell an. Häufig denke ich heute noch daran, wenn ich Profi-Ensembles höre, vor denen wir uns nicht hätten verstecken müssen.

Da meine Geschäfte in diesem Jahr schlecht liefen, hatte ich die nötige Zeit, mich in die Organisation des Projekts einzubringen. Bei dem Projekt fielen viele Kosten an, und so mussten Sponsoren gefunden werden, damit wir von der finanziellen Unterstützung von Seiten des Kulturreferats der Gemeinde weitestgehend unabhängig waren. Da ich durch meine Vereinsaktivitäten sehr viele Leute kannte, sprach ich Bekannte an, die als Spender in Frage kamen; dafür erhielten sie eine Anzeige in unserem Programm-Heft. Es gab auch eine Reihe von Unterstützern, die nicht öffentlich in Erscheinung traten, ohne die aber das Projekt schwer möglich gewesen wäre, wie z.B. eine Gerüstbau-Firma, eine Fotografin, eine Druckerei, ein Designer-Büro für den Plakat-Entwurf und andere.

Nach monatelangem Üben im Gymnasium und in Ausnahmefällen die Chorproben bei mir im Party-Keller war es dann endlich so weit. Die Kostüme waren genäht, für mich auf meinen Wunsch ein goldener Bademantel, dazu Sandalen, ein goldener Lorbeer-Kranz, eine bunte Spiegel-Sonnenbrille und als Schmuck eine sehr grobgliedrige Kette mit einer CD als Anhänger. Was ich darunter anhatte, erfuhren die Leute immer zum Schluss der Aufführung beim Vorstellen der Darsteller.

Nach mäßiger General-Probe hatten wir eine starke Premiere – jeder gab sein Bestes in der bis zum letzten Platz gefüllten Aula des Gymnasiums. Zuvor richteten wir uns für unseren Auftritt her, wobei viele sich schminken ließen. Zu mir sagte man nur, ich könne das ja wohl selbst, das hätte ich ja oft genug im Fasching schon bewiesen. Das tat ich dann auch mit viel Hingabe und Routine – man merkte mir sicher an, dass es mir großen Spaß bereitete.

Ich war sehr gespannt, wie meine Hauptrolle ankommen würde, so wie ich sie interpretierte. Ich trat also grell geschminkt mit knallrotem Lippenstift und meinem King Herod Outfit auf die Bühne, umrahmt von sechs Tänzerinnen, die mich umschmeichelten. Schon beim ersten Refrain klatschten die Leute mit und hatten riesigen Spaß an meinem Spott-Song. Wie nach jeder anderen Szene gab es stürmischen Beifall! In meinen Ohren war der Beifall für meinen Auftritt jedoch der lauteste – kein Wunder bei diesem Auftritt!

Die nächsten fünf Aufführungen im Gymnasium waren ebenso wie die Premiere ein voller Erfolg, jedoch erinnere ich mich noch gut, dass an einem Abend, an dem leider einige Pannen passierten, ich hinter der Bühne saß, dem Stück lauschte und auf den Einsatz von Judas wartete. Doch der saß mir verträumt gegenüber – vor lauter Verliebtsein zu einer der Tänzerinnen hatte er seinen Einsatz vergessen.

An einem anderen Abend ohne Pannen wurde extra durch einen professionellen Kamera-Mann ein Video aufgenommen, von dem jeder Aktive eine Kopie erhielt.

Neun Monate später hatten wir unsere nächsten zwei Aufführungen – dieses Mal im Festzelt für das Kirchheimer Volksfest, das ein paar Tage früher aufgestellt wurde, damit wir darin „Jesus Christ Superstar" wieder aufleben lassen konnten. Wie sich leicht denken lässt, hatten wir wieder sehr viel zu üben, da doch schon eine Zeit seit der letzten Aufführung vergangen war. Außerdem mussten zwei Rollen umbesetzt werden, da die bisherigen Interpreten an den Terminen nicht verfügbar waren.

Wir hatten eine tolle Bühne konzipiert, die uns kostenlos von einer Gerüstbau-Firma als Sponsoring nach unseren Plänen aufgebaut wurde. An der Planung war ich nicht unwesentlich beteiligt. Da die Band auf der Bühne und nicht – wie häufig üblich – hinter den Kulissen spielen wollte, hatte ich die Idee, die Bühne für die Band drei Meter über die Hauptbühne zu setzen, womit alle sehr zufrieden waren. Auch konnten wir in der Bühnenplanung recht großzügig sein, da das Zelt für zweitausend Besucher im Bierzelt-Betrieb ausgelegt war. Die Bühne war sehr beeindruckend.

Am ersten Abend – es war Juni – zog unglücklicherweise ein schweres Gewitter eine Stunde vor der Vorstellung auf, und viele Leute haben von einem Musical-Besuch Abstand genommen. Dennoch war das Zelt mit über neunhundert Personen gut gefüllt. Ich spulte meinen Part gewohnt souverän herunter, jedoch hatten einige Mitdarsteller ungewohnte Probleme, hinzu kamen einige technische Schwierigkeiten. Eine wichtige Rolle spielte jedoch auch das Gewitter, das sich während der Aufführung über dem Festzelt entlud. Es war teilweise auch Angst im Publikum zu spüren. Eine Szene wirkte jedoch wie einstudiert: als Kaiphas von seinem Turm zur Schimpftirade ansetzte, gab es einen mächtigen Donnerschlag, wie um sein Tun zu unterstützen. Alles in allem aber war die Aufführung doch recht ordentlich.

So empfanden wir Darsteller!

Unsere Regisseurin war jedoch ganz anderer Meinung. Am nächsten Abend vor unserer zweiten Vorstellung machte sie uns wegen der Aufführung tags zuvor total nieder, das sei das schlechteste gewesen, was wir je abgeliefert hätten. Alle nahmen sich diese Standpauke zu Herzen!

Was dabei herauskam, war die beste Aufführung, die wir je abgeliefert hatten, einschließlich der sehr erfolgreichen Aufführungen im Gasteig, die später noch folgen sollten. Über dreizehnhundert Zuschauer hatten uns bejubelt und uns zu Höchstleistungen gepeitscht. Sie gingen von Anfang an mit, und so schaukelte sich die Stimmung in größte Höhen. Nach Ende der Aufführung sowie Standard-Zugabe und Vorstellen der Interpreten hörten die Zugabe-Rufe nicht mehr auf, so dass wir noch eine halbe Stunde Zugaben brachten. Insgesamt durfte King Herod noch zwei Mal seinen Song bringen, bei der ersten Zugabe spielte ich meine Rolle wie gewohnt, beim zweiten Auftritt nahm ich dann Jesus in den Arm, der mit mir dann gemeinsam den Song zum besten gab. Wir waren noch Stunden später im siebten Himmel und überglücklich über unseren gelungenen Auftritt. Solche Momente vergisst man nicht. Auch wenn ich damals eine Männerrolle hatte, möchte ich diese Glücksgefühle nie missen. Auch das ist ein Stück von mir!

Da ich während dieser Zeit, wie bereits erwähnt, von meinem Auftraggeber wegen struktureller Veränderungen nicht genügend Aufträge erhielt, suchte ich eine Unternehmensberatung in Heimstetten auf und sprach mit dem Geschäftsführer. Er meinte bei unserem Gespräch abschließend, dass ich an meinem Äußeren etwas ändern solle. Meine relativ langen Haare würden das Erscheinungsbild negativ beeinträchtigen. Ich erklärte ihm, dass meine Haare wegen meines Engagements bei der Rock-Oper so lang seien, worauf er sofort einhakte und mich fragte, ob wir auch eine Benefiz-Vorstellung für die „Aktion Sonnenschein", einem Verein zur Unterstützung mehrfach behinderter Kinder, geben würden. Er hatte selbst ein behindertes Kind und war im Vorstand des Vereins aktiv. Als ich das Anliegen mit den führenden Leuten unseres Musical-Projekts besprach, waren alle sofort begeistert: wann erhält man schon das Angebot, entweder im Herkules-Saal, Cuvellier-Theater, Dachauer Schloss oder im Gasteig als Amateur-Truppe auftreten zu dürfen.
Schließlich wurde es der Carl-Orff-Saal im Gasteig, wo wir dann im Februar 1997 unsere letzten Vorstellungen

von „Jesus Christ Superstar" gaben. Die Entscheidung für diesen Saal war für unser Projekt die richtige Entscheidung, eine Rock-Oper hätte in die alternativ angesprochenen Säle nicht so gut gepasst. Die technischen Möglichkeiten waren hervorragend, unsere Beleuchter und Tonleute waren begeistert.

Die General-Probe konnte nicht wie bei früheren Staffeln an einem Stück durchgezogen werden, da das Bayerische Fernsehen sowie ein Team eines privaten Fernsehsenders zu Aufnahmen erschienen waren. Stundenlang wurden bestimmte Sequenzen wiederholt und durchgekaut. Sehr großen Anklang fand auch mein „King Herod" Auftritt bei den Fernseh-Teams. Als ich am Abend nach Hause kam, wurde in der Rundschau ein dreiminütiger Clip über unser „Jesus Christ Superstar" im Gasteig gezeigt, davon die Hälfte der Zeit mein Auftritt als „King Herod". Das erfüllte mich mit großer Freude, wunderte mich aber auch ein wenig, dass ausgerechnet mein Song als Highlight ausgesucht worden war.

Dieser Clip war für mich das schönste Geschenk – ich hatte an diesem Tag meinen 45sten Geburtstag.

Am nächsten Tag dann das schlimme Erwachen mit Fieber! War es die Aufregung vor meinem bis dahin vielleicht wichtigsten Auftritt oder war es Lampen-Fieber? Ich stand jedenfalls mit 38,5°C Fieber auf der Bühne, war damit jedoch in guter Gesellschaft, denn unser „Peter"-Darsteller hatte ebenfalls Fieber, mit sogar noch etwas höherer Temperatur als ich. Doch was sollten wir machen! Wir hatten keine Zweitbesetzung, aber selbst wenn es die gegeben hätte; wir hätten es uns nicht nehmen lassen, auf dieser Bühne aufzutreten. Gott sei Dank hatte das Fieber keinen spürbaren Einfluss auf unseren Auftritt, und die Vorstellung war ebenso wie die am nächsten Tag folgende Vorstellung ein toller Erfolg.

Einen Traum hatte ich dennoch, der leider nicht in Erfüllung ging. Ich hätte für mich und die anderen Darsteller gewünscht, dass in der Musical-Szene entscheidende Leute im Publikum gesessen hätten, und vielleicht der eine oder andere „entdeckt" worden wäre. Es blieb ein Traum. Dennoch konnten wir mit unseren Vorstellungen eine schöne Summe zur Unterstützung der „Aktion Sonnenschein" übergeben.

Die meisten jungen Leute, allen voran die Musiker, wollten danach ein anderes Projekt in Angriff nehmen. Leider gelang es nicht, Rechte für die „Rocky Horror Show" zu erhalten. Dieses Musical hätte alle sehr gereizt. Danach wurde nach weiteren geeigneten Musicals gesucht und die Entscheidung fiel auf „Othello", das eine andere Amateur-Truppe in München geschrieben und aufgeführt hatte, nachdem sie zuvor ebenfalls „Jesus Christ Superstar" gegeben hatten. Das Projekt geriet bereits im Anfangs-Stadium ins Stocken; es kam keine Begeisterung auf. Auch waren die Songs nicht so eingängig, die Darsteller verabschiedeten sich nacheinander und so starb das Projekt.

Es sollte auch kein weiteres mehr folgen. Ab und an treffe ich heute noch einzelne Leute von damals. Dann schwärmen wir von unseren Auftritten und dem Spaß, den wir damals hatten. Dennoch bleibt die Erkenntnis, dass das Beste, was Kirchheim von Amateuren jemals erlebt hat, nicht mehr zurückkommen wird. Zwei Video-

Aufnahmen zur Erinnerung und die Freude an diese schöne Zeit machen dieses Projekt unvergesslich.

Politik – oder: Feind, Todfeind, Parteifreund!

In diese Zeit fiel auch der Beginn meiner politischen Aktivitäten. Von der Grundgesinnung her war ich, auch durch das Elternhaus beeinflusst, eher konservativ eingestellt. Ebenso sah ich mich als Selbständigen bei den Konservativen besser aufgehoben als bei den linken Parteien. Kommunalpolitisch spielt aber diese Grundgesinnung nicht die Rolle wie auf Bundes- oder Landesebene. Hier kam es meines Erachtens eher darauf an, dass etwas zum Wohle der Bürger der Gemeinde geschieht. Deshalb fühlte ich mich bei den freien Wählern am richtigen Fleck und zögerte nicht lange, als mich Freunde, die in der „Vereinigung freier Wähler" (VFW) aktiv waren, zum Beitritt aufforderten. So unterschrieb ich auf der Maibaum-Feier 1995 meinen Beitritt, nachdem ich mir nochmals die Ziele im Detail vom Vorsitzenden erläutern ließ. Außerdem kannte ich schon mehrere Mitglieder des Vereins und fühlte mich schnell heimisch. Die politischen Ziele gefielen mir sehr gut, da weder Verschwendung von öffentlichen Geldern noch Vetternwirtschaft ein Thema war, sondern immer das Interesse des Bürgers im Vordergrund stand.

Ich hatte ein geregeltes Leben: die Familie funktionierte sehr gut, die Söhne hatten ihren Fußball und freuten sich, wenn ich mich zu den Spielen engagierte. Mit dem Vereinsleben allgemein hatte ich ebenfalls einen netten Ausgleich. Da ich aber schon immer ein sehr aktiver Mensch war, reizte mich die Herausforderung einer zusätzlichen Aufgabe in der Gemeinde-Politik. Ich setzte mich von Anfang an für die verschiedensten Anforderungen ein und hatte bald das eine und andere Pöstchen. Auf Grund meiner lebhaften Art wurde ich gleich bei den ersten Vorstandswahlen nach meinem Beitritt zum Beisitzer gewählt – nun ja, bei ca. sechzig Mitgliedern ist das auch keine so große Leistung. Der Bürgermeister stammte aus der VFW und zog mit dem Vorstand an einem Strang; so war es für mich einfach, die vernünftigen Interessen mit zu vertreten. Was sollte die Gemeinde mit einem Orts-Zentrum, das von anderen politischen Gruppierungen immer wieder gefordert wurde und im Prinzip kein Bürger in der geplanten Form wollte? Dies hätte zu einer enormen Pro-Kopf-Verschuldung geführt und den Charakter der Gemeinde komplett verändert. Wir wollten ein vernünftiges Wachstum, gegebenenfalls auch mit einem Ortszentrum mit lockerer Bebauung und viel Grün, bei dem die Grundeigentümer dieser Ortsmitte einen Großteil der öffentlichen Einrichtungen, wie Rathaus, Gemeindesaal usw., als Gegenleistung für das Baurecht hätten übernehmen sollen. Doch die politischen Gegner von rechts und von links waren von dem Ziel des Ortszentrums, dessen Planung veraltet und inakzeptabel war, nicht abzubringen und warfen dem Bürgermeister Hinhaltetaktik und Blockade-Politik vor. In Wirklichkeit waren es aber die Gemeinderäte der anderen Fraktionen, die eine klare Mehrheit hatten, die Blockade-Politik betrieben. Außerdem wurde in diesen Jahren eine ganze Reihe von Projekten realisiert, die von der VFW angeregt bzw. mitgetragen wurden.

102

Es standen die Kommunal-Wahlen 2003 an. Meine Vereins-Freunde sprachen mich an, ob ich als Gemeinderat kandidieren würde. Zu diesem Zeitpunkt war ich schon auf meinem Weg zu mir selbst, aber in der Gemeinde noch nicht geoutet, konnte aber damals auch noch nicht sagen, ob ich meinen Weg zu Ende gehen würde. Nach einigen Überlegungen beschloss ich, mich dem erweiterten Vorstand erkennen zu geben und nur zu kandidieren, wenn der Verein dieses mittragen würde.

Nach allgemeiner Zustimmung ließ ich mich auf die Gemeinderats-Kandidaten-Liste setzen; ich wurde von der Vereinsversammlung auf Platz sechs gewählt. Am Abend des Wahltags war ich zunächst enttäuscht, dass ich nicht gewählt worden war, dann aber letztendlich auf Grund meiner persönlichen Situation froh, dass es so gekommen war.

Die CSU hatte eine Kandidatin aus dem Hut gezaubert, die ein Jahr zuvor noch niemand in der Gemeinde kannte. Diese Frau war sehr machtbesessen und setzte alles daran, sich bei allen beliebt zu machen, um als Bürgermeisterin gewählt zu werden. Sie zog von Verein zu Verein, versprach das Blaue vom Himmel, und da sie das schwarze Parteibuch (sicher nicht aus Überzeugung) hatte, schaffte sie es in die Stichwahl zwei Wochen nach der Kommunalwahl.

Eine Woche vor der Stichwahl machte die CSU noch einmal groß mobil und verteilte fleißig Werbemittel. Als ich das mitbekam, versuchte ich, mich mit dem Vorstand in Verbindung zu setzen. Nachdem ich niemand erreichte, rief ich den Bürgermeister an und fragte ihn, ob wir nicht auch noch was tun müssten, dass ihm die Felle nicht noch wegschwimmen. Sein Vorsprung bei der Wahl war zwar komfortabel, aber nicht uneinholbar. Er sagte mir gelassen, dass keine eigene Aktion geplant sei, aber ich könne einem VFW-nahen Bürger beim Verteilen von Flugblättern behilflich sein.

Da ich bisher noch kein politisches Flugblatt erstellt hatte, wusste ich auch nicht, dass der Verfasser unbedingt angegeben werden muss; dies war jedoch nicht der Fall. Ich übernahm also die Verteilung der Blätter in einer Siedlung. Als mich eine Unbekannte ansprach und mich fragte, wer ich sei, nannte ich meinen Namen und sagte ihr, dass ich Mitglied der VFW sei. Etwas komisch kam mir dann vor, als mich nach Ende des Verteilens ein CSU-Vertreter von seiner Tochter, die mich kannte, identifizieren ließ.

Dies war am Samstag! Am Montag darauf las ich in der kommunalen Presse von dem Aufruhr, den das Flugblatt in der CSU verursacht hatte. Ab diesem Tag wurde ich dann permanent von Presseleuten von „SZ" und „Merkur" belästigt, ich möge doch den Verfasser des Flugblattes nennen. Ich nannte jedoch keine Namen, da ich ja nur beim Verteilen des Blattes dabei war, aber mit dem Inhalt nichts zu tun hatte. Von der Presse wie von der CSU wurde der Bürgermeister hinter dem Blatt vermutet. Da dieser Druck sowohl an meinen Nerven, als auch an denen meiner Frau sehr zerrte, flehte ich immer wieder den Vorstand bzw. den Bürgermeister an, sie mögen doch endlich die Info an die Presse geben. Dies geschah aber erst am folgenden Freitag, als die Veröffentlichung nicht mehr vermeidbar war.

Es tat mir sehr weh, dass ich jeden Tag von der Presse belästigt wurde und darüber in den großen Zeitungen lesen musste.

Man hatte die Interessen eines Vereinsfremden über die eines treuen Mitglieds gestellt und mich im Regen stehen lassen. Die Folge war, dass ich den Glauben an die Politik und deren Vertreter verloren hatte: ich war das Bauernopfer. Am Abend der Stichwahl hatte ich dann auch keine Lust, mit dem Bürgermeister seine dann doch relativ eindeutige Wiederwahl zu feiern.

Das i-Tüpfelchen war dann noch die nächste Mitgliederversammlung! Die Presse war ebenfalls eingeladen. Ich hatte zuvor noch nie gemerkt, wie unwichtig ich den Leuten sein konnte. Ich wurde betrachtet, als hätte ich der VFW einen großen Schaden zugefügt – hatte ich doch nur im Interesse des Bürgermeisters gehandelt und meinen Kopf für ihn hingehalten. Ich kam mir noch nie so einsam in Gesellschaft von so vielen Leuten vor; ich fühlte mich schlichtweg als Luft. Ich erklärte zu Beginn der Versammlung, dass ich zu keinem Amt mehr bereit sei und auch keine Aufgaben mehr übernehmen würde. Dennoch wurde ich bei der Aufstellung der Kandidatenliste zur Vorstandswahl als Beisitzer vorgeschlagen. Auf mein Ablehnen bemerkte der Bürgermeister als vermeintlichen Witz: „Du musst da auch nichts austragen!" (Flugblätter!), woraufhin für mich ad hoc feststand, dass ich diesem Verein keinen Tag länger erhalten bleiben werde. Ich teilte meinen Entschluss zum Austritt und meine Enttäuschung über ihre so genannte Freundschaft am Ende der Versammlung mit und verfasste die Kündigung anschließend zu Hause per Email an den Vorstand. Übrigens:

prompt war auch die oben genannte Bemerkung des Bürgermeisters am übernächsten Tag breit im „Münchner Merkur" zu lesen.

Im Interesse einer Sache wird auch in der Gemeinde-Politik über „Leichen gegangen"; nicht selten sind es auch Profil-Neurosen der einzelnen Personen. Es spielt auch keine Rolle, ob es sich dabei um einen losen Zusammenschluss wie der VFW handelt oder eine politische Partei. Seitdem gibt es in meinen Augen nichts Schmutzigeres als Politik – sei es im Kleinen oder im Großen! Auch in der Landes- oder Bundespolitik sind die Abgeordneten nur Marionetten von Leuten, die im Hintergrund zu ihrem eigenen Interesse die Fäden ziehen.

Ich versuche, mir im Kleinen meine eigene „Mikro-Politik" zu machen, in die ich meine Familie und Freunde einbeziehe, und unter den gegebenen Umständen zurecht zu kommen.

Den Glauben an die Politik habe ich seitdem verloren!

9.   *Der inn're Druck wurde stärker und so fand ich dann*

Erleichterung bei Travestie und Gesang.

Doch mit den Jahren wurde mir klar:

ich will eine Frau sein das ganze Jahr!

Von nun an ging's bergauf!

(1997 bis 2003)

Marilyn - ein neues Ventil

Viel zu viele lange Jahre war der Fasching die einzige Möglichkeit, mich als Frau in der Öffentlichkeit zu zeigen. In den 1990er Jahren wurde ich in Bezug auf meine innerste Sehnsucht mutiger und traute mich im Fasching verstärkt in die Öffentlichkeit. Neben meinen eigenen Faschings-Partys waren es besonders die Pfarr-Bälle, die ich sehr gerne aufsuchte – mal als „leichtes Mädchen" sehr sexy mit Strapsen und schwarzen Strümpfen, mal sehr Dame im „kleinen Schwarzen" mit Schleier-Hütchen. Natürlich zog ich immer die Aufmerksamkeit Aller auf mich. Bei meinem ersten Pfarr-Ball-Besuch sprach ich den Bandleader an, ob sie nicht „Satisfaction" von den Rolling Stones im Repertoire hätten, ich würde dann dazu singen. So kam es dann auch.

In den folgenden Jahren wurde ich von dem Bandleader dann schon automatisch aufgefordert, „meinen" Song zu singen. Häufig war die Tanzfläche voll, wenn „Satisfaction" angestimmt wurde. Aber nach den ersten Takten und meinem Gesangs-Einsatz stellten die Leute, größtenteils Stammgäste der Faschingsbälle, sich im Halbkreis auf, um mir Ovationen entgegenzubringen. Ich zeigte mich bei meinen Darbietungen immer sehr frivol, was ich mir ja auch als „verkleideter Mann" leisten konnte. Es war ja für alle nur Show – teilweise auch für mich, da ich mich vor allem auch künstlerisch präsentieren konnte. Mein Auftritt war immer einer der Höhepunkte des Abends.

So kam es, dass mich eine flüchtig Bekannte in der Pause eines Band-Auftritts zur Eröffnung eines Buchladens einer Freundin ansprach, dass es doch toll sei, im Fasching einmal als „Marilyn Monroe" in dem berühmten weißen Kleid aus dem Film „Das verflixte siebte Jahr" aufzutreten. Und darin müsse ich den Song „I wanna be loved by you" darbieten. Die Idee gefiel mir grundsätzlich sehr gut und ging mir nicht mehr aus dem Kopf. Nur, wie sollte ich an ein solches Kleid herankommen. So dauerte es auch noch drei Jahre, bis ich mir diesen Wunsch erfüllte – aber nicht zum Fasching, sondern zu einer privaten Veranstaltung. Die Idee zur Travestie außerhalb des Faschings war geboren.

Hubert, unser Bassist, den ich von Anfang an sehr gerne mochte, wurde fünfzig. Ich fasste mir also ein Herz und beschloss, die Marilyn-Idee umzusetzen. Ich hatte bis zum Geburtstag noch circa ein viertel Jahr Zeit.

Was war also zu tun? Ich besprach mich mit meiner Freundin Claudia, die einen CD-Laden in Heimstetten eröffnet hatte. Zunächst musste ich mir eine Karaoke-Version besorgen – aber wie? Ich fand einen, besser gesagt den „Karaoke-Spezialisten" in München, und verlangte die Karaoke-Version von „I wanna be loved by you" von Marilyn Monroe. Nach einer Belehrung von Seiten des Verkäufers, dass dies ein viel früherer Song aus dem Jahre 1929 sei, ließ ich mir den Song, auf meine Stimmlage transponiert, auf eine kleine CD brennen. Der erste Schritt war getan.

Doch wie komme ich zu dem Kleid?

Ich erkundigte mich bei einem Kostümverleih, ob sie ein solches Kleid hätten, und was es auszuleihen koste. Ja, sie hätten dieses Kleid im Verleih, aber der Preis schockierte mich. Sie wollten 130 DM für das Ausleihen für ein Wochenende; dazu kämen dann noch die Reinigungskosten. So sprach ich erneut Claudia an, ob sie eine Idee hätte. Sie erzählte mir, sie kenne eine Kosmetikerin, Gabi, die Beziehungen zu einer guten preiswerten Schneiderin hätte. So lernte ich Gabi kennen, die auch gleich nach Rücksprache mit ihrer Schneiderin eine Idee hatte. Ich solle mir doch einen weißen Plissee-Rock und einen dazu passenden Stoff kaufen, aus dem dann an den Rock die Schneiderin das Oberteil schneidern würde. Ich ging also los und fand auch einen sogar sehr preiswerten Rock und einen dazu passenden Stoff, der sowohl farblich als auch vom Material hundertprozentig passte. Ich hatte jedoch nicht den Mut, den Rock im Kaufhaus anzuprobieren.

Als ich mich dann zu Hause umzog und mich mit dem Rock im Spiegel betrachtete, kam ich zu der Feststellung, dass mich damit keine zehn Pferde auf irgendeine Bühne dieser Welt bringen würden. Ich fühlte mich bei meinem Anblick wie ein umgestülpter Blumentopf, dem eine Falten-Manschette, wie früher beim Blumenkauf üblich, übergestülpt wurde. Ich erzählte Gabi von meinem Fehlkauf und schlug ihr vor, dass das Kleid nicht unbedingt ein plissiertes Rockteil haben müsse, sondern es wichtig sei, dass der Rock so weit sein müsse, dass bei Wind von unten – wie bei einem U-Bahn-Schacht – das Kleid fliegen müsse. Ich schlug ihr vor, dass ich den Rock zurückbringe und von dem gleichen Stoff, den ich für das Oberteil besorgt hatte, noch einige Meter für einen Teller-Rock kaufen würde. Gesagt – getan! Die Kosten für die Schneiderin waren inzwischen auf einhundert Mark gestiegen, dafür hatte der Stoff nur vierzig Mark gekostet. Als Gabi mich zwei Tage später anrief, dass sie eine Plissier-Anstalt ausfindig gemacht habe, die die Plissierung für vierzig Mark durchführen würde, beschloss ich, dass es darauf auch nicht mehr ankäme und sagte zu. So kam ich also zu meinem ersten Modell-Kleid – für 180 DM statt des Ausleihens für 130 DM. Die Schneiderin hatte mitgedacht und das Oberteil im Rücken gesmokt, so dass es auch bei Veränderung des Gewichts und der Figur noch passt. Bis dahin waren also die Vorbereitungen ein voller Erfolg.

In diesem Sommer war die Schuhmode leider ganz anders als zu Marilyns Zeiten. So musste ich eine Reihe von Schuhgeschäften abklappern, bis ich einen passenden Schuh fand. Dann war noch die Frage nach Strümpfen; sollte ich welche tragen oder nicht. Ich selbst hätte gerne Strümpfe und Strapsgürtel getragen, aber die involvierten Damen um mich herum betonten, dass Marilyn bei dem berühmten Clip über dem U-Bahn-Schacht keine Strümpfe getragen hatte. Also ordnete ich mich zunächst dieser Meinung unter. Zu späteren Aufführungen setzte ich jedoch meinen heimlichen Wunsch nach Strümpfen um.

Blieb dann noch die Frage mit den Haaren! Ich benötigte noch eine Blondhaar-Perücke, die ich mir nach Katalog aussuchte und schicken ließ. Diese ließ ich von einer Friseurin, die die Maske bei unserer Rock-Oper übernommen hatte, auf den gewünschten Stil umfrisieren. Parallel zu all diesen Aktionen lieh ich mir die Video-Kassette zum Film, um Marilyns Bewegungen und ihre Art zu singen mir einzuprägen. Ich wollte nichts dem Zufall überlassen, dazu war ich schon immer zu ehrgeizig. Ich nutzte jede freie Minute zum Üben von Gesang und Bewegung und genoss vor allem, auch in den Proben in die Frauenrolle zu schlüpfen.

Endlich kam Huberts Geburtstag. Ich hatte großes Lampenfieber, aber das gehört bei mir zu jedem Auftritt vor Publikum; dann gelingt auch die Vorstellung. Ich hatte zuvor noch ein paar Kilo abgespeckt und mit Selbstbräuner dafür gesorgt, dass ich wie frisch aus dem Urlaub aussah. Etwa sechzig Gäste und ein nett hergerichteter Pfarrsaal waren der würdige Rahmen zu meinem ersten Travestie-Auftritt. Zu fortgeschrittener Stunde stand ich also das erste Mal – außerhalb des Faschings – als Frau auf der Bühne. Mein Auftritt war ein voller Erfolg! Vor allem kam eine besondere Unruhe bei den anwesenden Männern auf, als im Wind meines improvisierten U-Bahn-Schachts – drei auf dem Boden liegende Ventilatoren – mein Kleid flog und den Blick bis hoch zum Bauchnabel frei gab. Ein Gast, der mich zuvor nicht kannte, bückte sich extra bis zum Boden, um unter Umständen erkennen zu können, ob sich in dem Kleid ein Mann oder eine Frau verbarg; ich hatte aber das noch vorhandene Etwas sehr gut durch ein Miederhöschen kaschiert. So gab es anschließend noch Diskussionen, bis sich Hubert, von meinem Auftritt überwältigt, bei mir bedankte und mich noch einmal offiziell vorstellte. Ich badete in den Glückwünschen und Bewunderungen für mich, trank noch ein Glas Sekt und genoss meine Rolle als Frau. Für die anderen war es Show, für mich war es Erfüllung. Auch Ilse war ganz stolz auf mich, von meinen Sehnsüchten ahnte sie nichts. Ich versuchte, meine Rolle so lange wie möglich hinaus zu zögern, musste aber dann doch wieder in die Männerrolle zurück wechseln – das tat sehr weh!

Dennoch hatte ich auf meinem langen Weg zu mir selbst einen weiteren Meilenstein erreicht!

In den folgenden Jahren standen viele runde Geburtstage im Freundes- und Bekanntenkreis an, zu denen ich in verschiedenen Frauenrollen Darbietungen bringen durfte.

Tina – the Best!

Bisher hatte ich nur die Rolle als Marilyn im Repertoire. Das musste sich ändern! Mein bis dahin vermeintlich bester Freund Achim wurde ein Jahr nach Hubert ebenfalls fünfzig Jahre alt. So hatte ich einen gewichtigen Grund, eine weitere Bühnenrolle einzustudieren. Meine Wahl fiel auf die bewundernswerte Tina Turner. Kann eine Frau einem Mann etwas Schöneres singen als „Du bist der Beste" – „You're simply the best"? Meine zweite Travestie-Rolle war geboren!

Dieses Mal waren die Vorbereitungen nicht ganz so aufwendig wie bei meiner ersten Rolle. Als ich meinem damaligen Friseur, mit dem ich befreundet war, von meiner Idee erzählte, schenkte er mir spontan seine Löwenmähnen-Perücke, die er an der Party zu meinem vierzigsten Geburtstag getragen hatte. Da ich sehr frühzeitig feste Vorstellungen über mein Outfit hatte, konnte ich die Schneider-Künste meiner Schwägerin „Lo" in Würzburg in Anspruch nehmen. Bei einem Besuch der Verwandtschaft in Würzburg suchte ich mir einen passenden schwarzen Stoff für das „kleine Schwarze" aus und beschrieb meiner Schwägerin, wie ich mir das Kleid vorstelle – mit Spaghetti-Trägern und sehr kurz. Sie nahm Maß und setzte meine Wünsche außer auf „sehr kurz" um; es war zunächst um zehn Zentimeter zu lang. Also wurde noch einmal die Schere angesetzt, bis es mir recht war. Dazu nun noch dunkelbraune bis anthrazitfarbene Strumpfhose und hochhackige Pumps. Mit den Schuhen mit dreizehn Zentimeter Absatz war ich bei C&A fündig – ein echtes Schnäppchen. Trotz der Absatzhöhe konnte ich darin nach kurzer Zeit sehr gut laufen und tanzen.

Mit der Karaoke-CD ging es recht einfach, ich hatte ja schon meine Erfahrungen beim „Karaoke-Spezialisten". Ich ging in den Laden und verließ ihn kurze Zeit später mit dem transponierten Song auf CD.

Natürlich verschwand ich sehr häufig in meinem Party-Keller, meinem Übungsraum, um den Song einzustudieren und mich richtig zu bewegen. Da ich wie immer tiefe Befriedigung verspürte, wenn ich Frauenkleidungsstücke trug, zog ich natürlich Strumpfhosen an, bevor ich in die Pumps schlüpfte. Andererseits empfand und empfinde ich es aber auch angenehmer für die Füße, in Pumps Strümpfe zu tragen. Jedenfalls übte ich auf diese Weise viel häufiger als für meine Auftritte notwendig, um das Frau-Sein zu genießen. Jetzt musste ich mir noch den passenden auffälligen Modeschmuck und Körperschminke kaufen. Ich bildete mir ein, dass ich, um ein authentisches Bild abzugeben, dunkelhäutig sein müsse. Den Aufwand mit der Körperschminke betrieb ich jedoch nur bei den ersten Auftritten, weil ich anschließend eine halbe Stunde unter der Dusche benötigte, die Schminke von Schultern, Dekolleté und Rücken wieder zu entfernen; des Öfteren war auch noch jede Menge Schminke am Handtuch. Außerdem war schon das Auftragen immer das Problem, da ich jemanden benötigte, der mir den Rücken schminkte.

Vor Achims Geburtstag standen aber auch noch weitere Höhepunkte an! Ilse und ich hatten Silberhochzeit, die wir angemessen im Pfarrsaal in Heimstetten feierten. Als große Überraschung für Ilse hatte ich mit der Band den Rainhard Fendrich-Song „Weus'd a Herz hast wie a Bergwerk" geübt und auf der Feier vorgetragen – Ilse standen Tränen in den Augen. Dieser Song ist immer noch Ilses Lieblingssong. Irgendwie hatte ich damals schon die Überzeugung – vielleicht war es auch nur der Wunsch - dass mich Ilse nie im Stich lassen würde, egal was auf uns zukommt. Und so kam es auch!

Mit allen nötigen Utensilien bepackt reisten wir dann nach Garbsen bei Hannover, um Achims Fünfzigsten zu feiern. Der Jubilar ahnte noch nicht, was ihn als Geburtstags-Überraschung erwartete! Nachdem die Verwandten, Freunde und Nachbarn ihre Vorträge und Einlagen zum Besten gegeben hatten, kam meine Premiere als „Tina Turner". Die circa vierzig Gäste machten Lärm für hundert und der Hund bellte dazu. Er ließ sich überhaupt nicht beruhigen und musste somit den Party-Raum verlassen. Mein Auftritt war wieder einmal der Höhepunkt der Feier, das Schulterklopfen sollte nicht enden. Die Leute sind doch immer sehr begeistert, wenn ein Mann in einer Frauenrolle auftritt. Sie konnten nicht wissen, dass sie im Grunde genommen eine Tina Turner-Parodie gesehen haben – und keine Travestie. Für sie, meine Frau Ilse mit einbezogen, war ich ein Mann in Frauenkleidern. Ich hatte meine Tarnung immer noch bewahrt. Jedoch wurde mir langsam klar, dass ich diese nicht mehr auf Dauer aufrecht erhalten könne – der Druck, mich zu erkennen zu geben, wurde einfach immer stärker. Ich empfand – zumindest Ilse gegenüber – so etwas wie Unehrlichkeit, wenn ich nicht bald mit ihr über meine innersten Gefühle und meine Sehnsucht sprechen würde. Aber auch das sollte noch über zwei Jahre dauern.

Nun hatte ich immerhin schon zwei Rollen, die ich bei besonderen Anlässen auf die Bühne bringen konnte.

Lotte Schmidt – hässlich, aber Frau

So ganz nebenbei studierte ich noch eine weitere Rolle ein: „Lotte Schmidt", die als sitzen gelassene verschrobene Jungfer zum Jubiläum ihres Verflossenen auftaucht, um über die enttäuschte Liebe zu berichten. Bei diesem sehr lustigen Vortrag in Gedichtform zeigt Lotte unter anderem den Zahn, den der Verflossene bei einem Kuss verloren hat, oder die Liebesbriefe, die er verlogen an sie geschrieben hat. Diese Parodie kommt immer gut an zur Silberhochzeit oder zum fünfzigsten oder sechzigsten Geburtstag eines Mannes. Ich war immer gerne bereit, dieses Gedicht vorzutragen, auch wenn ich dazu in eine eher hässliche Rolle schlüpfte. Für mich war es einfach nur wichtig, dass ich mich als Frau anziehen und auftreten konnte, mich als Frau präsentieren durfte.

In diese Rolle schlüpfte ich auch an Achims und Juttas Silberhochzeit, die zwischen den beiden großen Geburtstagen lag.

Der Odenwald bebt!

Drei Wochen vor Achims Rundem feierte Peter mit einem schönen Gartenfest seinen Fünfzigsten, zu dem alle Freunde gekommen waren. Hierzu hatte ich auch reichlich Vorbereitung zu treffen. Peter bekam nämlich als Geschenk „seinen" eigenen Maibaum für seinen Garten; außerdem musste von den Gästen noch eine Einlage einstudiert werden.

Zunächst zum Maibaum!

Meine Familie und ich flogen unmittelbar die zwei Wochen vor dem Geburtstag von Frankfurt aus in den Urlaub nach England und anschließend nach Irland zur Hochzeit von Ilses jüngster Schwester. So reisten wir zwei Tage zuvor nach Michelstadt, um den sieben Meter hohen Baum zu besorgen, abzuschleifen und zu grundieren. Dann flogen wir wie gesagt für fünf Tage nach London und weiter nach Irland zur Hochzeitsfeier. Anlässlich dieser hatte ich mir extra von einer Freundin, die ein perfektes Englisch spricht, das Gedicht von „Lotte Schmidt" übersetzen und in Reim bringen lassen, das ich als solche dann vortrug. Nach der Rückreise über Frankfurt nach Michelstadt war unser Gepäck leider nicht in den Flieger nach Frankfurt umgeladen worden, sondern stand noch in „Heathrow". So musste ich den Maibaum – nur mit Unterhose bekleidet – fertig anmalen, damit ich meine einzig verfügbare Oberbekleidung nicht schmutzig machte. Am Nachmittag kamen dann Gott sei Dank die Koffer im Hotel an.

118

Dann die Einlage!

Peter entdeckte beim Bus fahren immer wieder eigenwillige „Klassiker", die er favorisierte und uns bei allen möglichen Gelegenheiten vorspielte; so auch die „Köhlerliesl". Was fiel mir also ein? Wir studierten mit drei Pärchen eine kleine Tanz-Nummer ein, zu der wir als „Köhlerliesln" angezogen waren: einheitlicher kurzer Rock aus schwarzem Stoff mit rosa Blümchen, aus dem gleichen Stoff die Kopftücher, dazu weiße Bluse, weiße Socken und derbe Schuhe. So gestylt machten wir dann unser Tänzchen und schlugen zum Abschluss in Reihe stehend unsere Röckchen hoch, damit Peter und die anderen Gäste auf unseren Liebestöter-Unterhosen „Happy Birthday" lesen konnten, vorausgesetzt, wir standen in der richtigen Reihenfolge, da auf jeder Po-Backe mit der Ausnahme „pp" jeweils nur ein Buchstabe stand und sich dann der Glückwunsch so zusammensetzte. Auch dafür hatte ich im Vorfeld meine Vorbereitungen: Unterhosen kaufen und beschriften, Stoff für Röcke und Kopftücher besorgen, mit Ilse eigene Röcke und Kopftücher nähen, an die Anderen Stoff mit Anleitung verschicken und so weiter. Wie nicht anders zu erwarten, tanzte dann beim Auftritt auch einer aus der Reihe, so dass nach einiger Verwirrung erst im zweiten Anlauf der Glückwunsch zu lesen war – aber das gehört zu einem solchen lustigen Auftritt. Nach der Gratulation wurde dann der Maibaum aufgestellt. Für den Rest der Feier blieb ich dann auch die Köhlerliesl. Wir hatten den ganzen Abend noch sehr viel Spaß, und für die Unterhaltung sorgte ich einmal mehr mit meinem Akkordeon.

Wenn ich heute diese Gedanken aufschreibe, frage ich mich, wie ich das alles bewerkstelligen konnte – zwei so wichtige Veranstaltungen mit so intensiver Vorbereitung. Irgendwie hatte ich es mit viel Disziplin geschafft, die ganzen Vorbereitungen und Termine unter einen Hut zu bringen. Schließlich hatte ich ja auch noch einen anstrengenden Fulltime-Job, der mich alleine schon hätte ausfüllen müssen. Bei meiner letzten großen Blut-Untersuchung wurde mir bestätigt, dass eine Substanz auf eine sehr hohe Energie hinweist – vielleicht liegt es daran.

Happy Birthday, Mister Bürgermoasta!

Im folgenden Jahr wurde unser Bürgermeister, zu dessen engsten Parteifreunden ich mich damals zählte, fünfzig Jahre alt. Zu der Geburtstagsfeier im Bauhof waren über zweihundert Gäste eingeladen, mein bis dahin größter Rahmen für einen Travestie-Auftritt. Alle Honoratioren aus den drei Gemeindeteilen Heimstetten, Kirchheim und Hausen waren gekommen, dazu Familie, Verwandte, Gemeinderäte, Vereinsabordnungen, eben alle „wichtigen" Bürger der Gemeinde. Ich hatte mir eine zusätzliche Überraschung einfallen lassen: als „Marilyn" saß ich auf der Bühne unter einem riesigen Geschenk-Karton, den ich selbst gebastelt hatte – mit Alu-Folie überzogen und einer großen Krepppapier-Blume geschmückt. Auf einen Tusch hoben zwei Parteifreunde den Karton über mir weg, und ich hauchte für den Jubilar mein „Happy Birthday, Mister President" ins Mikrofon, bevor ich ihm „I wonna be loved by you" sang. Es war eine tolle Begeisterung in der Halle, als sich das Kleid unter dem Luftzug meines Ventilator-„U-Bahn-Schachts" hob und den Anblick auf die Reizwäsche freigab. Wieder war diese so typische Unruhe unter den Männern – das Knistern im Publikum – bis auf die Bühne zu spüren. Ich genoss das Bad in der Menge sehr, viele Gäste fanden sich hingezogen, mir ihre Glückwünsche zu meiner gelungenen Darbietung auszusprechen. Als Zugabe gab ich dann noch „Tina Turner" zum Besten.

Die Beste von allen wird fünfzig

Wiederum ein Jahr später wurde Ilse fünfzig!
Ich hielt es – als ihr Ehemann – für nicht besonders sinnvoll und auch nicht angemessen, ihr anlässlich ihres Ehrentages in einer Frauenrolle gegenüber zu treten, so wohl ich mich auch in dieser fühlte. Mir fiel nichts Gescheiteres ein, als mit fünf Freunden einen Männerstrip wie in dem irischen Film „Ganz oder gar nicht" einzustudieren. Dabei hatten wir das Problem, dass mehrere Aktive mehrere hundert Kilometer entfernt lebten. Ich ließ von einem Freund, der in der Nähe wohnte und auch mitwirkte, die Choreographie, wie ich sie mir vorstellte, mit Video-Kamera aufnehmen und verschickte die Aufnahme an die anderen Teilnehmer. Auf der Feier kniff jedoch dann einer der Freunde, die mitmachen sollten, und so waren wir nur noch zu fünft bei dem Auftritt. In V-Formation – ich in vordersten Front, damit mich die Anderen im Blickfeld hatten – standen wir nun da in dunklem Anzug, Hemd, Krawatte, Hut und Sonnenbrille und strippten zu Joe Cockers „You can leave your hat on",

bis wir alle nur noch bis auf String-Tanga und Sonnen-brille bekleidet waren. Besonders lustig war auch, dass unser Ensemble aus Männern mit vollkommen verschie-denen Figuren bestand – vom kleinen Dicken bis zum großen Schlanken. Das ganze fand verständlicherweise erst zu späterer Stunde als Mitternachts-Show statt. Aber der Aufwand hatte sich gelohnt! Allen hat es herrlich gefallen. Und es ist auch nicht aufgefallen, dass ich als Hauptdarsteller mit dieser Darbietung nur meinen Schutzschild vor Entdeckung der Frau in mir verstärkte. Bloß nicht erkannt werden!

Rollenspiel

Wiederum verstrich ein Jahr!
Ich hatte mich Anfang des Jahres Ilse gegenüber geoutet, und wir haben viele gemeinsame Tränen vergossen. Auch die engeren Freunde hatte ich von meinen Gefühlen in Kenntnis gesetzt. Dennoch ging das Leben weiter! Es stand ein Jubiläum an: die 25-Jahr-Feier des Schulför-dervereins, in dem Ilse die Kasse führte. Der Vereinsvor-stand sprach mich an, ob ich den Abend im Stil der Sieb-ziger Jahre mitgestalten würde. Ich könne doch ein paar Lieder aus der Zeit in den entsprechenden Rollen singen. Wir beschlossen, dass ich vier Auftritte in verschiedenen Rollen zeigen sollte.
Wieder hatte ich Gelegenheit, in Frauenrollen zu schlüp-fen, hatte aber auch zwei Männerrollen. Wir einigten uns auf „Rex Gildo" mit „Fiesta Mexicana", gemeinsam mit der zwölfjährigen Tochter von einem Vorstandsmitglied als „Roy Black und Anita" mit „Schön ist es auf der Welt

zu sein" , „Marianne Rosenberg" mit „Er gehört zu mir" und als Höhepunkt „Tina Turners" „You're simply the Best". So habe ich auch die Reihenfolge festgelegt, dass ich zuerst in die Männerrollen und dann die Frauenrollen schlüpfe. Für die Männerrollen besorgte ich mir eine Kurzhaar-Perücke, da meine eigenen Haare mittlerweile mehr als schulterlang waren. Für „Marianne Rosenberg" kaufte ich einen Rock, Bluse, Blazer und Pumps; das musste jetzt nicht mehr heimlich geschehen, da Ilse ja bereits Bescheid wusste, und ich inzwischen ab und zu Frauenkleidung trug. Für den „Tina"-Auftritt hatte ich von den anderen Auftritten meine Utensilien.

Meine Freizeit war wieder gut ausgefüllt mit dem Einstudieren der Rollen sowie mit der Beschaffung von entsprechenden Playback-Aufnahmen. Auch musste „Er gehört zu mir" auf meine Stimmlage transponiert werden. Besonders fleißig war ich beim Proben der Frauenrollen, ich konnte wieder zeitweise Frau sein. Dies war zu dieser Zeit noch relativ eingeschränkt. Meinen Söhnen hatte ich noch nichts von meiner Transsexualität erzählt, da besonders der jüngere noch zu sehr mit seiner Pubertät beschäftigt war.

Letztendlich hatte sich der Aufwand wieder einmal gelohnt! Mehr als zweihundert Besucher mit leichtem Frauenüberhang waren zu der Feier erschienen. Auch wenn ich den halben Abend mit Umziehen, Schminken und Auftritten beschäftigt war, genoss ich wieder einmal sehr das Lob für meine Darbietungen und insbesondere nach meinem „Tina"-Auftritt die Zeit in der Frauenrolle. Eine Begebenheit ist mir noch in sehr guter Erinnerung: eine Bekannte fragte mich, womit ich denn meinen Busen ausgestopft habe. Ich zeigte ihr großzügig eine der Sili-kon-Brust-Einlagen, worauf sie sich erkundigte, wo man so etwas her bekäme, weil sie sehr wenig Busen hatte. Also verriet ich ihr – von Frau zu Frau – wie da Abhilfe für ein schönes Dekolleté geschaffen werden kann.

Obwohl ich meine Haare inzwischen färbte und lang trug, wurde ich immer noch von der Mehrheit als hundertpro-zentiger Mann betrachtet; manch einer hatte vielleicht schon die Meinung, dass ich irgendwie anders sein könn-te, aber niemand sprach mit mir darüber oder zeigte es in irgendeiner Form. Meine Auftritte wurden vom Publikum als rein künstlerische Darbietung betrachtet und mir die Begeisterung darüber kundgetan.

Als Dankeschön für meinen Einsatz zu der Jubiläumsfei-er schneiderte mir die damalige Vorsitzende des Schul-fördervereins einen wunderschönen blauen Pailletten-Frack für meine spätere Präsentation als „Marlene Diet-rich" im Blauen Engel für den Song „Von Kopf bis Fuß auf Liebe eingestellt".

Von Kopf bis Fuß ... werde ich fünfzig

Die Rolle der Marlene hatte ich für meine eigene Ge-burtstagsfeier anlässlich meines Fünfzigsten vorgesehen. Das Einkaufen silberner Pumps, einer schwarzen Korsage mit Strapsen und Strümpfen fiel mir nun schon leichter, da ich schon teilweise geoutet war und häufiger Frauen-kleidungsstücke eingekauft hatte. Die Pumps hatten eine erhebliche Absatzhöhe, an die ich mich erst langsam ge-wöhnen musste, um nicht herumzustelzen oder gar zu stürzen. Aber ich hatte mit dem Üben rechtzeitig begonnen, so dass ich zu meinem Geburtstag fit war. Da ich mir über mich noch nicht hundertprozentig im Klaren war, war der transvestitische Aspekt noch sehr im Vordergrund – und so musste meine Ausstattung sehr sexy und verführerisch sein. Auch zeigte mir meine vorhergehende Erfahrung, dass das Publikum auf erotische Reize sehr verzückt reagierte – Männer wie Frauen; ich konnte schon im Vorfeld das „Scharren mit den Hufen" hören! Bei meinen intimen Anproben war ich mit meinem Outfit mit schwarzem Mieder und schwarzen Strümpfen mit Naht, Silber-Pumps, blauem Frack und silbernem Zylinder sehr zufrieden: die Party konnte kommen!

Es sollte meine letzte große Geburtstagsparty werden – und ich wollte allen Gästen zeigen, welch attraktive Frau ich auf der Bühne (und nicht nur da!) bin. Die wenigsten Gäste wussten zu dieser Zeit über meine Transsexualität Bescheid und ich hatte vor, mit all meinen Frauenrollen die Freunde und Bekannten auf meine nun immer näher rückende Veränderung zur Frau vorzubereiten.

Da ich durch meine Vereinszugehörigkeiten, politischen sowie musikalischen Aktivitäten einen sehr großen Bekanntenkreis hatte, musste ich mir überlegen, wen ich unbedingt einladen will, und wer nicht unbedingt bei der Feier dabei sein muss. So kam die stattliche Anzahl von fast einhundert Gästen zustande, die mit mir eine große Faschingsparty feiern durften. Wir begannen die Feier schon am frühen Abend, damit das zu erwartende Programm über die Bühne gehen konnte und auch meine ehemalige Band mit „unserer" Musik für weitere Unterhaltung sorgen konnte. Da nach Prosecco-Empfang und

Menü zunächst meine Gäste mit etlichen Einlagen sich um gute Laune kümmerten, wurde mein persönliches Programm immer mehr nach hinten geschoben, so dass mein erster Auftritt schon fast zur Mitternachtsshow wurde.

So kam „Marlene Dietrich" nach „Marilyn Monroe" und „Tina Turner" erst gegen zwei Uhr auf die Bühne. Trotz der späten Stunde (wir waren ja keine jungen Leute mehr, die erst um Mitternacht aus dem Haus gehen) war die Begeisterung über meine Premiere als Marlene sehr groß. Eine Freundin bat mich spontan, dass ich diese Rolle unbedingt an ihrem Fünfzigsten darbieten müsse.

Im Vorfeld meiner Feier bat ich die Gäste, von unnützen Geschenken abzusehen und mir stattdessen Geld für meine geplante Teneriffa-Reise zu schenken. Und so kamen fast zweitausend Euro zusammen, die mir auf dem Weg in meine neue Zukunft helfen sollten. Die meisten Gäste wussten damals nicht, dass die Reise dazu diente, mir den Schritt in meine neue Rolle zu erleichtern – eine Woche ununterbrochen ausschließlich als Frau zu leben.

Dazu später mehr!

Der inn're Druck wurde stärker und so fand ich dann

Erleichterung bei Travestie und Gesang.

10. *Doch mit den Jahren wurde mir klar:*

ich will eine Frau sein das ganze Jahre!

Von nun an ging's bergauf!

(2001 bis 2004)

Mein transsexueller Weg bis zur geschlechtsangleichenden Operation

Erste Schritte

Meine „Flucht" in die Travestie stellte sich sehr bald als eine Übergangsphase dar. Auch sie brachte für mich zwar Erleichterung wie das Ausleben der Weiblichkeit im Fasching, war aber auf Dauer auch nicht befriedigend. Jetzt mussten endlich Nägel mit Köpfen gemacht werden! Ich musste eine Lösung finden.

Der Alltag sah ganz anders aus – ohne Schminke und Glitter war meine Welt immer noch unverändert. Ich litt bis zu meinem Coming Out immer noch sehr unter der Tatsache, mit einem großen Geheimnis um meine wirkliche Identität leben zu müssen und mit niemandem sprechen zu können; das waren von meinem ersten Travestie-Auftritt immer noch dreieinhalb Jahre bis zu meiner Beichte gegenüber meiner Frau.

Zwar gab es häufiger Gelegenheit, „offiziell" in Frauenkleidung zu schlüpfen; dies waren aber auch nur kurze unbefriedigende Augenblicke. Mir wurde mehr und mehr klar, dass selbst bei häufigeren Auftritten in einer Frauenrolle ich nie das Gefühl erhielt, meine Nische gefunden zu haben. Ich spürte, dass ich noch einen weiten, langen, steinigen Weg vor mir haben werde. Zu allem mimte ich weiterhin den Macho, um meine Tarnung aufrecht zu erhalten und mich nicht bloß zu stellen. Ich zeigte mich weit männlicher, als ich je wirklich war.

Die erste Person, der ich mich anvertraute, war mein engster Freund Achim, mit dem ich im Allgemeinen alles besprach, was man selbst mit seinem Ehepartner nicht unbedingt bespricht. Im Herbst 1999 – wir saßen in der Lobby eines Hotels, in dem er damals logierte – erzählte ich zum ersten Mal einem Menschen, dass meine „Verkleidung" im Fasching, bei der er auch immer gerne teilnahm, für mich keine Verkleidung darstellte, sondern dass ich da in meine echte Rolle schlüpfte. Ich erzählte ihm, dass er der Erste sei, dem ich mich offenbarte, und dass ich in meinem Kummer über die Tatsache dennoch auf ein Leben im richtigen Körper nach einer Wiedergeburt träumen würde, mein Geheimnis aber mit in den Tod nehmen wolle. Er war über meine Worte wenig überrascht und ermunterte mich: „Du bist noch zu jung, um das bis an Dein Lebensende so zu ertragen. Da gibt es Möglichkeiten, Dein Leben zu ändern!". Ich hatte darin die Worte eines echten Freundes vernommen, die mich aufgebaut haben. Leider musste ich später erfahren, dass nicht alle die gleiche Vorstellung von echter Freundschaft haben, und ich bitter enttäuscht wurde. Es waren wirklich nur rein freundschaftliche Gefühle, die uns verbanden. Doch dazu später mehr!

Und wieder verging ein Jahr und nichts passierte. Erst waren alle Anderen dran, an mich selbst dachte ich zuletzt. Sicher war es auch die Angst vor dem ersten großen Schritt, dass alles andere wichtiger war. Ende 2000 zwang ich mich dann, endlich herauszufinden, was mit mir eigentlich genau los ist: bin ich transvestit, transsexuell, oder handelt es sich nur um einen Fetisch, dass mich das Verwandeln in eine Frau magisch anzog?

Im ersten Schritt las ich mich über das Internet ein, wo denn eine Trennlinie zwischen Transvestit und Transsexuellem zu ziehen sei. Mit dieser Information ging ich zu meiner damaligen Hausärztin, um bei ihr den Rat einzuholen, ob sie einen für meine Veranlagung kompetenten Psychologen kenne, der mir sagen könne, was ich tatsächlich bin. Sie wusste keinen entsprechenden Fachmann, riet mir aber, einen Endokrinologen aufzusuchen, um zunächst einen Hormonspiegel durchführen zu lassen. Sie selbst könne mir keinen Endokrinologen nennen, aber dies könne sicher mein Urologe.

Also suchte ich meinen Urologen auf. Dieser fragte, warum ich die Untersuchung wünsche, und teilte mir mit, dass er selbst entsprechende Untersuchungen durchführe. Jetzt waren es schon drei Personen, die außer mir Bescheid wussten. Der Urologe konnte mir sogar einen Psychologen nennen, einen sehr erfahrenen auf dem Gebiet von Transsexualität und Transvestismus: Professor Kockott, ein bereits emeritierter Professor, der an einem Tag pro Woche noch praktizierte.

Mit diesem Wissen und mit der Angst um den Verlust von unserer Liebe und allem, was Ilse und ich uns im Laufe von dreißig Jahren aufgebaut hatten, fasste ich all meinen Mut zusammen und setzte mich am 6. Januar 2001 mit meiner Frau zusammen, um ihr meine Empfindungen zu beichten und ihr zu versichern, dass ich nicht anders konnte, als das Geheimnis mit mir herum zu schleppen und mich nicht zu erkennen zu geben.

Das war für sie zunächst nicht zu verstehen, da wir sonst auch über alles immer geredet und uns vertraut hatten.

Es folgten Vorwürfe, dass ich sie die fast dreißig Jahre, die wir uns schon kannten, belogen hätte.

Wie hätte ich sie belügen können, da ich doch selbst nicht wusste, was ich war?

Ich erklärte ihr, dass ich über mich noch vollkommen im Unklaren wäre, und erst herausbekommen müsse, was mit mir genau los sei. Ich legte ihr die Unterschiede zwischen Transvestismus und Transsexualität klar und schwor ihr, egal wie das mit mir ausgehen würde, sie nie im Stich zu lassen, weder menschlich noch wirtschaftlich, so weit mir das möglich wäre. Ich hatte ja noch keinerlei Vorstellung, wie sich das Ganze auf meine berufliche Zukunft auswirken würde.

Mit Sicherheit war das lange Zusammenleben mit meiner Frau ein sehr wesentlicher Grund, dass sie mir daraufhin nicht meinen „Laufpass" – wie in so vielen vergleichbaren Fällen – gegeben hat, sondern versucht hat, mit mir die ganze Entwicklung gemeinsam durchzustehen. Nächtelang lagen wir im Dunkeln nebeneinander im Bett und sprachen über die Situation und weinten um die Wette, dass das Leben es einem so schwer mache und man ihm doch nicht entfliehen könne. Manchmal waren einfach auch gar keine Tränen mehr vorhanden. Entsprechend standen wir zu dieser Zeit beide extrem unter Stress, der sich nicht nur privat bemerkbar machte, sondern sich auch auf den Beruf ausdehnte.

Doch das Tal der Tränen nahm erst seinen Anfang!

Im März hatte ich dann meinen ersten Termin bei Herrn Professor Kockott, der zunächst fünf Sitzungen anberaumte, um zu analysieren, ob ich transvestitisch oder transsexuell sei. Er bat auch um eine Unterredung mit Ilse, die sie auch wahrnahm.

Als Ergebnis dieser fünf Sitzungen eröffnete er mir Ende April 2002 in der Sprechstunde, dass ich zu dem damaligen Zeitpunkt als Transvestit einzustufen sei – jedoch mit einer Tendenz zur Transsexualität. Dies stelle sich sehr häufig bei Personen dar, die in meinem Alter erst den Schritt wagen: dass sich zunächst verstärkt der Transvestismus zeigt und erst durch Zulassen der Veranlagung die Transsexualität. Dass ich also durchaus auch transsexuell sein könne. Dies würden die nächsten Monate zeigen, da ich ja erst begonnen hätte, mich zu outen und die Frau in mir zuzulassen. Wenn ich also merken würde, dass ich mich diesbezüglich veränderte, sähen wir uns wieder.

Und vier Monate später sahen wir uns wieder!

Transsexuellen-Selbsthilfe-Verein VIVA

Parallel zu meinen ersten psychotherapeutischen Besuchen wurde ich über das Internet auf die VIVA TS Selbsthilfe aufmerksam, einem Selbsthilfeverein für Transvestiten und Transsexuelle. Auf Grund meines ersten Besuches bei der VIVA war ich sehr verunsichert, ob das wirklich das Richtige für mich sei. Die Mitglieder, die ich im ersten Schritt kennen lernte, waren irgendwo mitten in ihrer Entwicklung, die teilweise ein bisschen grotesk wirkte. Da der Transvestismus in mir noch die Oberhand hatte, war ich mir nicht sicher, ob ich bei dem Verein richtig aufgehoben wäre, da der Schwerpunkt des Vereins auf Mann-zu-Frau-Transsexualität abzielte und Transvestiten eher eine Ausnahme bildeten.

Dennoch überwand ich mich und ging zu weiteren Treffen, da ich schon eine gewisse Interessensübereinstimmung empfand. Alle sprachen sich mit ihren Wunschnamen an, so stellte ich mich als Verena vor. Der Name hat seine Geschichte in dem Simmel-Roman „Liebe ist nur ein Wort". In diesem Buch gibt es eine Verena, mit der ich damals – 20-jährig – beim Lesen sehr gelitten hatte. Deshalb sollte eine Tochter, falls ich eine haben würde, auch den Namen Verena erhalten. Da ich nur zwei Söhne hatte, war nun der Name nicht belegt. Was war also näher liegend, als mir diesen Namen nun selbst zu geben?

Durch das Outing und die Unterhaltungen merkte ich, dass bei vielen Anderen ein ähnlicher Verlauf in der Jugend war wie bei mir. Ich lernte, toleranter mit den anderen Mitgliedern umzugehen; mir würde ja ähnliches bevorstehen: eine Zeit, in der man weder Fisch noch Fleisch wäre, und dennoch den Mut aufbringen müsse, sich auch vor anderen in der Wunschrolle zu zeigen.

Als die VIVA noch keine eigenen Vereinsräume hatte, waren es wichtige Erfahrungen, zum Abschluss des Themenabends noch in eine Gaststätte in der Nähe zu gehen. Auf der Damen-Toilette hatte ich mir in der Anfangszeit nach Betreten des Lokals BH und Damenpulli angezogen und mich ein wenig geschminkt – eine kleine Mutprobe, die mir aber in der Gruppe leicht fiel. Da das Essen in dem Lokal auch recht gut war, ging ich jetzt auch ganz gerne zu den Vereinsabenden und freute mich auf den anschließenden Lokalbesuch. Zudem waren die Veranstaltungen auch sehr informativ und für meinen Weg hilfreich. In persönlichen Gesprächen mit anderen lernte ich mich selbst auch immer mehr kennen.

Auf diese Weise zeigte sich nun auch schon etwas mehr von der Frau in mir – die Entpuppung begann Schritt für Schritt. Ein stärkeres Auseinandersetzen mit der Tatsache, dass ich auch transsexuell sein könnte, beflügelte mich, mich mit dem Thema verstärkt auseinander zu setzen. Ich lieh mir wissenschaftliche Bücher und auch Biographien aus. Hierbei möchte ich besonders ein Buch herausheben, die Autobiographie von Romy Haag. Auch wenn unser Leben doch in ganz anderen Bahnen verlief, spürte ich doch eine gewisse Seelenverwandtschaft; ich hatte ja auch, wenn auch in viel kleinerem Rahmen, meine künstlerischen Aktivitäten, das war aber auch schon die größte Gemeinsamkeit.

Dennoch löste das Buch in mir immer stärker das Gefühl aus, transsexuell zu sein, ohne dass ich das Warum erklären konnte. Als ich sie im März 2008 persönlich nach einem Konzert beim Autogrammschreiben flüchtig kennen lernen durfte, erzählte ich ihr, was ihr Buch in mir ausgelöst hatte. Sie freute sich für mich und wünschte mir alles Gute.

Eine sehr schöne Erfahrung waren auch die Abende im Garten des VIVA-Hauses, wo wir uns in den warmen Monaten einmal im Monat zur Grillfete trafen. Dabei waren auch Angehörige immer gern willkommen, damit auch diese sich austauschen konnten.

So verstrichen vier Monate seit meinem letzten Gespräch mit Herrn Professor Kockott, und ich kam zu dem Ergebnis, dass sich in mir eine ganze Menge verschoben hatte. Also suchte ich ihn auf, um mit ihm über meine langsame

Verwandlung von der Puppe zum Schmetterling zu reden. Nach diesem Gespräch kam der Professor zu der Erkenntnis, dass er mich nun an eine frühere Kollegin, Frau Doktor Poland, überstellen müsse, da er die begleitende Therapie nicht durchführen könne, da er bereits im Ruhestand war.

Zu Beginn meines Weges war ich in Bezug auf meine Lebensumstände noch sehr blauäugig. Ich machte auf Zweckoptimismus: es wird sich schon alles von alleine richten; es wird schon alles gut gehen, sowohl beruflich wie familiär und im Freundeskreis. Sicher war es für mich zu dem Zeitpunkt das Beste, so zu denken. Hätte ich den Berg gesehen, der sich vor mir aufgebaut hatte, hätte ich unter Umständen nicht den Mut aufgebracht, den mir bestimmten Weg zu gehen. Und was wäre dann aus mir geworden? Vermutlich wäre ich an den vielen offenen Fragen und vor allem am „Was wäre – wenn" zerbrochen. Also war meine Einstellung für mich richtig.

Ein anderer Mensch in meiner Situation hätte eventuell anders reagiert – doch das muss jeder für sich selbst herausfinden!

Bei meinen Besuchen in der Selbsthilfegruppe erlebte ich jedoch viele Schicksale, die den zuvor genannten Wünschen erheblich widersprachen. Meine „Mitbetroffenen" hatten großenteils sowohl ihre Partnerinnen als auch ihre Arbeit verloren. Doch ich hielt an dem Glauben fest, meine Frau, meine Söhne, meine Freunde und meine Arbeit zu behalten. Bis zu einem gewissen Grad habe ich das auch erreicht – mit der Einschränkung, dass meine Frau mir keine Partnerin im Sinne einer Ehe mehr ist, sondern eine sehr enge Freundin, die mit mir durch Dick und Dünn geht. Doch dazu später mehr!

In der VIVA TS Selbsthilfe lernte ich, dass ich nicht der bzw. die einzige auf der Welt bin, die den transsexuellen Weg geht. In Unterhaltungen stellte sich heraus, dass unsere bisherigen Wege sehr ähnlich verlaufen waren. Jedoch gab es auch Transfrauen, bei denen das Gefühl, im falschen Körper zu stecken, sich bereits im Kindesalter bemerkbar gemacht hatte. Eine erzählte mir, dass sie als Kind darauf wartete, dass ihr „Pippi" irgendwann abfallen würde, und sie dann untenherum so aussehen würde wie ihre ältere Schwester. Aber bei vielen war es so, dass in der frühen Pubertät die ersten Anzeichen bewusst wurden, nicht mit dem richtigen Geschlecht auf die Welt gekommen zu sein.

Nachdem ich meine Anfangsprobleme überwunden hatte, ließ ich nach Möglichkeit keinen VIVA-Abend aus. Zum einen konnte ich für ein paar Stunden in die Frauenrolle schlüpfen, zum anderen bekam ich auch viel Information über die anderen Mitglieder und deren Erfahrungen. Außerdem waren die Abende bis auf einen Freitag pro Monat immer thematisiert.

Ich erhielt Informationen über die rechtliche Behandlung durch das Transsexuellen-Gesetz, Hormon-Einnahme und die daraus resultierenden Ergebnisse, Logopädie und Stimmbildung, Operationsmethoden (sowohl bei Transfrauen als auch Transmännern, da diese auch - zumindest an diesen Abenden – verstärkt vertreten waren). Aber auch praktische Anwendungen wie „Schminken" und „sich richtig bewegen" standen auf dem Programm.

Jeder letzte Freitag im Monat war ohne ein bestimmtes Thema; er diente dem Erfahrungsaustausch, und Partner waren auch immer willkommen, damit diese auch die anderen Schicksale kennen lernen konnten. Meine Frau nutzte ebenfalls diese Gelegenheit zur Meinungsbildung – auch über mich. Für mich selbst war sehr wichtig, dass sie aktiv an meinem anderen, neuen Leben auf diese Weise teilnahm. Für sie wiederum war es sehr wichtig, auf diese Art und Weise sich in mich hineinfühlen zu können und mich zu unterstützen.

In den ersten Monaten meiner Mitgliedschaft bei der VIVA hatte der Verein noch keine eigenen Räume und war in einer städtischen Einrichtung nur als Gast geduldet. Damals bestand noch das VIVA-Haus, in dem zwei Mitglieder wohnten und die Bibliothek untergebracht war. Hier fanden die sehr angenehmen Gartenfeste statt, auf denen ich mich dann auch vor Ort als Frau schick machen konnte, während ich zu den Info-Abenden durch eine gewisse sterile Umgebung und die Tatsache, dass ich von der Arbeit kam und dort nicht geoutet war, in männlicher Kleidung erschien und mich erst später in der Toilette der benachbarten Gaststätte ein wenig umzog.

Nach weniger als einem Jahr meiner Vereinszugehörigkeit konnte die VIVA in eigene Räume umziehen. In den neuen Räumen konnte ich endlich vor Beginn des Abends in meine Damenkleidung schlüpfen und so den ganzen Abend genießen, der meistens mit einem Besuch im „Spektakel" endete, einer in der Nähe befindlichen Gaststätte mit schönem Ambiente. Diese Lokalbesuche waren für mich immer ein wichtiger Gradmesser, wie ich von den „normalen" Leuten wahrgenommen werde. Die

Heimfahrt trat ich als Frau an und musste mich unterwegs auf einem abgelegenen Parkplatz wieder als Mann anziehen, da sowohl meine Söhne als auch die Nachbarschaft von meiner Transsexualität noch nichts wussten. Das tat mir immer sehr weh, aber es war nicht vermeidbar.

In dieser Zeit beschlichen mich des Öfteren schwarze Gedanken. Mehr als einmal ging mir durch meinen Kopf, dass es für alle Beteiligten das Beste wäre, wenn ich tot wäre. Mit dem Auto an einen Baum fahren, oder mich von großer Höhe in den Tod stürzen. Gott sei Dank hatte ich nicht die Courage zu solch einem Schritt; ich hätte Vieles verpasst.

Dennoch war die Angst häufig übermächtig und ich sah eine Wanderdüne vor mir, die mit jedem Schritt, mit dem ich sie erklomm, immer höher wurde. Eine schwere Last war dabei auch die Verantwortung, die ich durch die Gründung einer Familie übernommen hatte, und die permanent auch jetzt noch auf mir lastete, obwohl die Kinder schon relativ groß waren. Auch Ilse war nach wie vor von mir und meinen Einkünften abhängig. Doch auch diese Phasen hatte ich dank psychotherapeutischer Betreuung und guten Freunden – vielleicht auch Feigheit vor dem Tod – heil überstanden.

Die VIVA war für mich mittlerweile die wichtigste Institution geworden, weil ich mich dort frei bewegen und ausleben konnte. Besonders erwähnen möchte ich noch die Sommerfeste und Weihnachtsfeiern, die wir im „Sechseck" feierten, einem Saal in Neuperlach, der uns von der evangelischen Kirche zur Nutzung überlassen wurde. Diese Veranstaltungen waren etwas Besonderes, zu denen ich mich immer extra schön zurechtmachte.

Eine Begebenheit möchte ich dazu noch erzählen! Zu diesen Feiern kam einige Jahre eine Familie mit zwei Kindern. Das ältere war ein Junge, der als Mädchen lebte. Alle bewunderten die Initiative der Eltern, wie sie dem transsexuellen Jungen unter die Arme griffen und unterstützten.

Nachdem die Familie dann nicht mehr erschien, erfuhren wir, dass der Junge gar nicht transsexuell war, sondern nur aus Geltungsbedürfnis und Eifersucht auf seine jüngere Schwester in die Mädchenrolle geschlüpft war, um mehr Geltung zu erhalten. Wir waren alle sehr überrascht über diese Tatsache! Dadurch wurde auch klar, warum alles abgeklärt werden muss, bevor irreversible Eingriffe durchgeführt werden dürfen.

Zug um Zug wurde mir bewusst, wie unbedarft ich doch bisher an meine Zukunft herangegangen war. Waren bisher die äußeren Unterschiede von Frau zu Mann im Vordergrund gestanden, so wurde mir immer mehr bewusst, dass dies noch die kleinsten Unterschiede zwischen Mann und Frau waren. Mir wurde erst jetzt deutlich, dass das ganze Wesen doch sehr stark differiert, sei es im Verhalten bei bestimmten Situationen und Umgebungen oder der Umgang mit dem anderen Geschlecht. Wie einfältig war ich doch bisher im Umgang mit meinem Geschlecht! Da ich beide Geschlechter in mir schon immer trug, habe ich diese Differenzen nicht gesehen, weil ich sie weder als Mann noch als Frau wahrgenommen habe, sondern als eine „Art Zwitter" schon immer nicht die Abgrenzung vorgenommen habe, die andere zogen.

Ich wunderte mich sogar, warum ich von einer typischen Frauengruppe, der Datenerfassung in der Firma, manchmal als nicht dazugehörend ausgegrenzt wurde.

Die zahlreichen Gespräche mit meinen „Mitstreiterinnen" in der VIVA und deren Verinnerlichung unterstützten mich in meiner Entwicklung sehr stark, und ich bin den Personen, die mir dabei halfen, unendlich dankbar. Ich weiß nicht, ob ich ohne die Stütze durch die Selbsthilfegruppe die Energie aufgebracht hätte, die ich für meinen Weg benötigte. Da ich nicht nur nehmen konnte und wollte, übernahm ich Ende 2003 den Vorsitz des Vereins. Es war mir ein Anliegen, meine positiven wie negativen Erfahrungen an andere Hilfesuchende weiterzugeben. Ich wusste zwar, was mich mit der Vorstandschaft erwartete, hatte aber nicht mit einem ständig quer schlagenden Vorstandsmitglied gerechnet, das dem gesamten Vorstand das Leben – nicht nur innerhalb des Vereins – sehr schwer machte. Vor allem, wenn man bedenkt, dass ich zu dieser Zeit beruflich sehr eingespannt war und volle Leistung bringen musste. Auch hatte ich in der Firma mit Widerständen zu kämpfen; doch das an anderer Stelle. Über die Schwierigkeiten in der Vorstandschaft werde ich auch noch später berichten.

Begleitende Therapie

Im Herbst 2001 begann ich die begleitende Therapie bei Frau Doktor Poland, die mir von Professor Kockott empfohlen worden war. Ich war mir inzwischen bewusst, dass ich keine andere Wahl hatte als den mir bestimmten Weg zu gehen. Die Frau in mir war schon sehr vertraut, und ich konnte und wollte mich nicht mehr als Mann akzeptieren. Immer häufiger spürte ich, wie ich das Verhalten von Männern in vielen Situationen nicht für gut heißen konnte und schämte mich, nach außen noch immer einer von ihnen sein zu müssen. Hatte ich mich früher, um meine Tarnung aufrecht zu erhalten, ebenso verhalten? Ich glaube, bis zu einem gewissen Grad: Ja!

Da ich von meiner Arbeitsstelle aus zu den Therapiestunden ging und in der Arbeit noch nicht geoutet war, zog ich mich in der Praxis von Frau Dr. Poland vor der Therapie-Stunde um, um ihr als Frau gegenüber zu sitzen. Das war wohl auch allgemein eine gängige Praxis, da dazu ein separates Zimmer zur Verfügung stand. Am Anfang erzählte ich von meinen Eltern, und dass diese den Wunsch nach einer Tochter hatten, dass mein Vater nach meiner Geburt sehr enttäuscht war und mich lange nicht akzeptieren wollte, weil ich nicht mit dem gewünschten Geschlecht auf die Welt gekommen bin.

Hellhörig wurde Frau Dr. Poland, als ich ihr erzählte, dass sich mein Vater in seiner Kindheit im Fasching gerne als Mädchen verkleidete. Sie versuchte, Gründe für meine Transsexualität zu finden. Es gibt ja nach wie vor keine wissenschaftliche Erklärung, wodurch Transsexualität hervorgerufen wird. Deshalb kann sie auch nicht therapiert werden.

Wir sprachen auch über den Unterschied der sexuellen Identität – Transsexualität – und der sexuellen Orientierung, homosexell bzw. heterosexuell, die nicht durcheinander geworfen werden dürfen. Von der sexuellen Orientierung her habe ich mich seinerzeit als lesbisch eingestuft, da ich nie eine andere als freundschaftliche Beziehung zu Männern unterhielt. Weder hatte ich körperliche Kontakte zu einem Mann, noch hatte ich mich je in einen verliebt.

Im Lauf der Jahre habe ich beobachtet, wie oberflächlich in der Öffentlichkeit, besonders auch im Fernsehen mit diesen Begriffen umgegangen wird. Da sprechen zum Beispiel bekannte homosexuelle Politiker in einer Diskussion über ihre Neigung von ihrer anderen sexuellen Identität, meinen damit aber ihre Orientierung. Der große Unterschied besteht meines Erachtens darin, dass die sexuelle Identität wesentlich tiefer die Persönlichkeit formt, und man auch äußerlich diese nicht verbergen kann. Als Schwuler kann ich leben, ohne mich zu outen, nicht aber als Transsexueller. Homosexualität ist auch wesentlich stärker bei der Bevölkerung akzeptiert als Transsexualität, weil letztere auf Grund ihres seltenen Auftretens keine Lobby hat.

Das Thema Transsexualität wird mittlerweile im Fernsehen relativ häufig behandelt. Ich empfinde es aber sehr störend, wie häufig schlampig recherchiert und das Thema oberflächlich behandelt wird. Es stört mich auch ein wenig die Auswahl der transsexuellen Personen, die dazu eingeladen werden; meist sind es junge Menschen. Es ist viel leichter, den transsexuellen Weg als junger Mensch zu gehen, der keinen Ehepartner und keine Kinder hat, und die sozialen Bande nicht so weit verzweigt sind wie bei Familienvätern, für die der Schritt in vielen Fällen als soziales Fiasko geendet hat. Das ganze Ausmaß des über Jahrzehnte ausgetragenen inneren Konfliktes ist bei jungen Menschen nur in geringem Maß vorhanden. Da die meisten Transsexuellen meines Alters aus gesellschaftlichen Gründen den Schritt erst sehr spät machten, ist das Schicksal wesentlich anders geprägt als bei Teens und Twens.

Zurück zu den Stunden bei Frau Doktor Poland!
In den ersten Stunden wunderte ich mich immer wieder, warum sie im Abstand von einigen Therapiestunden immer wieder die gleichen wichtigen Fragen stellte. Ich dachte mir, ob sie eventuell ein schlechtes Gedächtnis hätte oder ihre Aufzeichnungen nicht komplett führte. Dann wurde mir klar, dass sie dadurch Sicherheit haben wollte, dass ich ihr nicht irgendwelche „Märchen" erzähle statt meiner tatsächlichen Empfindungen. Sie wollte einfach sicher sein, wenn sie eines Tages ein Gutachten über meine Transsexualität verfassen sollte. Wir haben allerdings nicht darüber gesprochen, und ich hoffe nicht, dass ich damit irgendetwas falsch interpretiere.
Nach den ersten Stunden in der Therapie lud Frau Doktor Poland meine Frau zu einem Einzel-Gespräch ein, um ein Gefühl zu bekommen, wie sie zu meiner Veränderung stünde. Die Therapeutin machte mich danach darauf aufmerksam, dass ich meine Beziehung wahrscheinlich verlieren würde. Ich war sehr betroffen, denn ich war davon ausgegangen, dass es doch eine gemeinsame Lösung geben könnte. Das Hauptargument gegen die Beziehung war die Tatsache, dass Ilse rein heterosexuell und nicht lesbisch sei, auch nicht ansatzweise.
Und ich glaubte auch weiter daran, dass noch irgendein Wunder geschehen möge, und ich mit Ilse weiter ein gemeinsames Leben führen könnte – auch in sexueller Hinsicht. Wir wollten auch alles versuchen, was möglich sein

könnte. Schließlich hatten wir mehr als ein halbes Leben miteinander gelebt und geliebt – das wirft man nicht so leicht weg, wenn die Liebe bleibt.

Erster großer Alltagstest

Nach etwa einem Jahr nach dem Outing flog Ilse mit mir gemeinsam zum ersten großen Alltagstest nach Teneriffa. Die Reise hatte ich mir anlässlich meines Fünfzigsten von meinen Geburtstagsgästen schenken lassen. Ich flog – aus rechtlichen Gründen – in Männerkleidung nach Teneriffa und eine Woche später auch zurück, da ich den Flug auf den Namen im Personal-Ausweis buchen musste. In meinem Koffer hatte ich jedoch ausschließlich Frauenkleidung, um eine Woche lang festzustellen, wie ich in der Frauenrolle über mehrere Tage zu Recht kam. Erleichtert wurde der Aufenthalt für mich durch die Tatsache, dass auf Teneriffa, eine Woche länger als in Deutschland, Karneval gefeiert wurde.
Nach dem Check in im Hotel in Puerto de la Cruz schlüpfte ich alsdann in die so geliebte Rolle. Ich weiß nicht, ob das Personal so freundlich zu mir war, weil sie in mir einen Faschings-Transvestiten sahen, oder dass es einfach uns Gäste so freundlich behandelte, da wir uns ebenso freundlich verhielten. Auffallend war für mich, dass eine Dame an der Rezeption immer ein nettes Wort für mein Outfit hatte. Ähnliches galt auch für unseren Tischkellner, der uns außerordentlich beflissen bediente.
Mit psychologischer Unterstützung von Ilse verliefen die ersten Tage auch recht gut. Wir unternahmen am Tag mehrere Ausflüge, teils mit öffentlichen Verkehrsmitteln,

teils mit Mietwagen, und ich hatte nicht das Gefühl, von anderen Leuten begafft zu werden. Ich fand, dass sie mich als Frau akzeptierten. Zum Abendessen im Hotel machten wir uns schick und gingen anschließend hinunter zum alten Hafen, wo auf der Plaza allabendlich ein Karnevalstreiben stattfand. Wir hatten sehr viel Vergnügen, und die Füße begannen automatisch zu tanzen, wenn die Band mit Latin Rock einsetzte. Das Angenehme war vor allem, dass man trotz Februar zum Feiern im Freien leichte Kleidung tragen konnte und sich nicht einmummen musste.

Am vierten Abend, wieder zurück im Hotel, kam es dann für Ilse und mich zur Katastrophe. Ich hatte sie gebeten, mit mir als Frau Sex – mit Dessous – zu haben. Sie willigte ein. Ich zog mir BH, Strapse und Strümpfe an. Was jedoch dann kam, war ein Fiasko. Ilse konnte sich nicht hingeben, und ich war ebenfalls gehemmt. Es ging gar nichts. Über diese Tatsache waren wir sehr verzweifelt und ich spürte, dass ich Ilse verlieren würde, wenn ich meinen TS-Weg weitergehen würde. Es gab Tränen über Tränen und wir schliefen sehr schlecht. Schwarze Gedanken machten sich in mir breit: du bist im sechsten Stockwerk, gehst jetzt auf den Balkon und stürzt Dich hinunter; dann ist alles gut! So verzweifelt war ich wieder einmal.

Am nächsten Morgen hatte ich noch so einen Frust von der vergangenen Nacht, dass ich das Abenteuer Alltagstest abhaken wollte. Ich zog meine Männerkleidung an. Daraufhin lotete mich Ilse jedoch ein, was mir einfiele. Ich solle mich gefälligst als Frau umziehen. Schließlich wäre es mein innigster Wunsch gewesen, die Woche als Frau zu leben.

Ich folgte ihren Worten!

Der Rest der Woche verlief dann wieder sehr harmonisch und ohne weiteren Stress – und auch ohne Sex. Am Karnevals-Dienstag wurde um Mitternacht der Karneval beerdigt. Ein langer Zug bestehend aus als Witwen verkleideten Männern und Frauen bewegte sich hinter einem Wagen mit einem riesigen Fisch aus Pappmaschee auf einem Boot zum alten Hafenbecken, wo das Boot mit dem Fisch gewässert wurde. Unter großem Geheul wurde dann ein Feuerwerk in dem Fisch entzündet. Und dann ging der Karneval erst richtig los. Es wurde bis tief in die Nacht weitergefeiert.

Wir besuchten den Nationalpark am Pico de Teide. Eine imposante Landschaft! Auf engem Raum wechseln die geologischen Formen von der Sandwüste zu Steinformationen, wie man sie aus den Südstaaten kennt, Steppe und Lava-Felder. Wir waren von der Schönheit der Insel so beeindruckt, dass wir auf jeden Fall noch einmal wieder hierher zurückkommen wollen.

Und der Karneval ging weiter! Am Samstag war großer Umzug in Puerto de la Cruz, an dem auch Prinz Karneval aus Düsseldorf teilnahm – in Deutschland war ja der Karneval bereits zu Ende. Zu diesem Anlass zog ich mir mein hübsches zweiteiliges Faschingskostüm an, das ich mir ein Jahr zuvor anlässlich meiner Faschingsparty „Caribbean Night" selbst geschneidert hatte. Ich genoss die Beifallspfiffe des Publikums, als ich durch die bereits gesäumten Straßen schritt, um besser vorwärts zu kommen als auf den Gehsteigen hinter dem Publikum.

Ungern und voller Wehmut zog ich am Rückreisetag dann wieder Männerkleidung an. Während wir noch Zeit bis zum Bustransfer hatten, nutzten wir diese, noch eine Erfrischung auf den Terrassen am Strand zu genießen. Dabei blickte ich nochmals auf die vergangene Woche zurück und dachte mit Wehmut an die nun wieder folgende Zeit in meiner mittlerweile sehr ungeliebten Rolle. Es tat sehr weh – aber es ging noch nicht anders!

Es war ja erst der Anfang!

Zuckerbrot und Peitsche

Meine Stunden bei Frau Doktor Poland waren sehr wechselhaft. Wenn ich ihr berichtete, dass es mir derzeit sehr gut ginge, bekam ich „eine auf's Dach"; sie erachtete wohl, dass ich auf Grund meiner positiven Stimmung unangenehme Feststellungen und Beobachtungen ihrerseits jetzt am besten vertragen könne. Mit dieser Tatsache hatte ich so meine Probleme; es war für mich nicht immer nachvollziehbar. Andererseits aber versuchte sie mich aufzubauen, wenn ich mutlos zur Stunde erschien, weil ich Angst vor dem Riesenberg hatte, den ich vor mir her schob. Letztendlich haben sich die „negativen" Therapie-Stunden mit den „positiven" in etwa ausgeglichen. Auch war mein Vertrauen zu ihr sehr groß, da ich davon überzeugt war und noch bin, dass es außer ihr nur wenige ähnlich kompetente und verantwortungsvolle Transsexualtherapeuten gibt. Durch die VIVA hatte ich einen Einblick in die Behandlungsweisen anderer Therapeuten, denen ich mein Vertrauen niemals geschenkt hätte.

Da für die Änderungen nach TSG zwei Gutachten notwendig waren und noch sind, suchte ich zu gegebener Zeit Herrn Dr. Vogel auf, der mir empfohlen wurde und auch sehr schnell mein Vertrauen gewann.

So war ich psychotherapeutisch in besten Händen. Und ich ließ mich treiben beim Herausfinden, wohin ich letztendlich will und wo ich meine Nische finde, um zufrieden zu sein.

Doch dann kam der Zeitpunkt, zu dem für mich feststand, dass ich den ganzen Weg gehen möchte und gehen muss – nach dem Motto „Ganz oder gar nicht". Das entsprach schon immer meiner Grundeinstellung, dass ich mich nicht mit weniger zufrieden gebe als möglich ist. Diese Erkenntnis trug ich im Dezember 2003 an meine Therapeuten heran. Ich habe noch die Worte von Frau Doktor Poland im Ohr, als ich dies nach nunmehr fast zweieinhalb Jahren ansprach: „Nun ist es also soweit!". Daraufhin teilte sie mir mit, dass sie guten Gewissens sei, da ich stimmig sei, und sie werde das Gutachten für das Amtsgericht bis nach der Pause über Weihnachten und den Jahreswechsel erstellen. Parallel wurde von Herrn Doktor Vogel das Zweitgutachten erstellt und an das Amtsgericht München gesandt.

Vornamensänderung

Und so erhielt ich eine Vorladung vor das Amtsgericht am 22. März 2004 um 13.50 Uhr. Auf Grund der merkwürdigen Uhrzeit fragte ich zurück, ob denn die Zeit korrekt sei oder ein Tippfehler vorliege. Ich bekam zur Antwort, dass der Termin korrekt sei, was mich doch verwunderte. So erschien ich - selbstverständlich als Frau gekleidet - an besagtem Tag zu dem Termin. Außer dem vorsitzenden Richter war noch ein Staatsanwalt anwesend. Der Richter verlas die Gutachten und befragte mich, ob das noch der aktuelle Stand bei mir sei. Nach meiner Bestätigung und seiner Feststellung, dass meine Erscheinung die einer Frau sei, erließ er den Beschluss für meine Vornamensänderung auf Beate Verena. Endlich war ich auch rechtlich den von mir nie sonderlich geliebten männlichen Vornamen los. Die ganze Verhandlung dauerte nicht einmal zehn Minuten, woraus sich auch die zunächst merkwürdige Uhrzeit begründete.

Den Rest des Tages hatte ich mir von vorne herein frei genommen. Als ich aus dem Gerichtsgebäude trat, traf ich eine Bekannte aus der VIVA, mit der ich den glücklichen Anlass in meinem Stammlokal feierte. Somit war wieder eine große Hürde genommen, und ich beantragte gleich an einem der nächsten Tage einen Personalausweis mit neuen Namen und weiblichem Bild. Es folgten noch die Änderungen von Führerschein und Kfz-Zulassung bei der Zulassungsstelle.

Zu meinem Verdruss war die Gemeindeverwaltung leider nicht in der Lage, damit umzugehen, dass ich zwar weibliche Vornamen hatte, aber vor dem Gesetz immer noch als männlich zu führen war. So erhielt ich die Schreiben von der Gemeinde regelmäßig mit der Anrede „Herrn", über die ich mich beschwerte. Ich bekam die Auskunft, dass die Software bei männlichem Geschlecht als Anrede automatisch „Herrn" setzte und dies nicht getrennt werden könne. Natürlich kritisierte ich die Software, da nun einmal die Rechtslage ist, wie sie ist, und das Programm einer öffentlichen Einrichtung dies auch so zu akzeptieren habe. Es wurde mir irgendwann zu blöd, mich darüber noch aufzuregen, da es ja doch nicht zu ändern war.

Hormone

Doch nun erst einmal zurück zum Hormonspiegel!
Was mein Urologe und ich zum damaligen Zeitpunkt nicht wussten: der Hormonspiegel stellt in keiner Weise einen Spiegel der Psyche dar. Alle gemessenen Hormonwerte zeigten bei der ersten Untersuchung in den Keller, sowohl die männlichen wie auch die weiblichen Werte waren weit unter dem Normalwert. Der Versuch meines Urologen, durch Gabe von Testosteron in meinem psychischen Empfinden etwas zu ändern, schlug total fehl. An meinen femininen Gefühlen änderte sich gar nichts. Die Hormone verursachten im Gegenteil einen leichten Haarwuchs am Körper, den ich überhaupt nicht wollte. Unter meinem Protest verordnete er mir dann leichte Östrogen-Pflaster für ein positiveres Befinden. Ich wollte einfach nicht, dass sich irgendeine Verstärkung von Männlichkeit in mir wieder ausbreiten könnte. Das Östrogen passte viel besser zu mir und zu meinen doch schon recht starken weiblichen Gefühlen.
Längst weiß ich, dass der Hormonspiegel keinerlei Einfluss auf die Transsexualität eines Menschen hat. Ein Endokrinologe erzählte mir, dass im Regelfall bei Mann-zu-Frau-Transsexuellen der Hormonspiegel prinzipiell wie bei jedem Mann sei, sich davon also keine Transsexualität ableiten ließe. Es stellte sich aber immer die Frage, die auch heute nicht beantwortet werden kann: woher

kommt Transsexualität? In meinem Fall könnte der starke Wunsch nach einer Tochter während der Schwangerschaft und als Baby eine Ursache gewesen sein, soweit der Einfluss psychischer Natur sein kann. Vielleicht auch die Tatsache, dass mein Vater – wie er mir berichtete – als Junge im Fasching immer „Mädchen gemacht" hat; dies wäre wiederum eine genetische Ursache. Es bleibt alles spekulativ! Und es ist müßig, darüber nachzugrübeln, da man sowieso nichts daran ändern kann. Man kann sich nur in sein Schicksal fügen.

Wie bereits erwähnt, erhielt ich zunächst Östrogen-Pflaster von meinem Urologen verschrieben, die jedoch nur eine relativ geringe Wirkung zeigten, meinem inneren Gleichgewicht aber sehr gut taten. In der Folgezeit verschrieb er mir ein Hormon-Gel (Gynokadin) in der Dosis, die Frauen nach dem Wechsel nehmen sollen. Dieses Gel wird auf Schulter und Armen aufgetragen. Langsam aber stetig verspürte ich eine erhöhte Empfindlichkeit in der Brust und ein leichtes Brustwachstum. Aus meinen Erfahrungen aus der VIVA wusste ich, dass es folgende Faustregel für das Brustwachstum gibt. Zum einen richtet es sich nach der Veranlagung, also der Brustgröße der weiblichen Vorfahren, zum anderen ist das Brustwachstum im Alter leider geringer als bei jungen Transsexuellen. Meine Mutter hatte eine große Brust, die sie sich gerne zum Amüsement unserer Familie beim Essen voll kleckerte. Dem stand jedoch mein inzwischen erreichtes Alter von über fünfzig Jahren entgegen – und so blieb meine Brust eher klein – dafür aber sehr sensibel und sexuell leicht erregbar.

Da ich zwei Jahre vor meinem Coming Out in der Firma bereits mit Hormonen begann, musste die Dosis klein gehalten werden, da meine Brust nicht auffallen sollte. Ich versuchte, mit weiten Pullovern und weiten Hemden mein Aussehen so gut es ging zu kaschieren. Die Tarnung gelang aber nur bedingt, da ich zum Gegensatz von früher meine Haare färben ließ und schulterlang trug.

Deshalb wurde auch die mir vertraute Sekretärin, der ich mich anvertraut hatte und mir eine liebe Freundin war, so lange von der Frau des Geschäftsstellenleiters bearbeitet, bis sie mit der Tatsache über meine Transsexualität gegenüber der Geschäftsleitung herausrückte. Übrigens war ich der Sekretärin für ihre Schwäche nie böse, obwohl ich genügend Grund dazu hatte – ich kannte ja die Leute, die den Druck auf sie ausgeübt hatten.

Epilation – Autsch!

Nachdem ich die psychotherapeutische Behandlung begonnen hatte, begann ich mit der Haarentfernung im Gesicht. Gott sei Dank hatte ich eine nicht nennenswerte Körperbehaarung, so dass ich nur eine Haar-Entfernung (Epilation) der Bartbehaarung im Gesicht und am Hals vornehmen lassen musste.

Eine Bekannte aus der VIVA führte beruflich Laser-Epilation durch, und ich begab mich zu ihr in Behandlung. Da meine Haare jedoch alle Farbnuancen aufwiesen außer wenigen dunklen Haaren, war der Erfolg mit Laser nach vier Behandlungen bei höchsten fünf Prozent, so dass es keinen Sinn machte, die Behandlung fortzusetzen.

Ebenfalls über die VIVA stieß ich dann auf die Elektro-Logistin Ebony, eine hübsche schwarze Frau, die etwa in meinem Alter war und den Weg, den ich noch vor mir hatte, schon zwanzig Jahre zuvor gegangen war. Die Behandlung war sehr aufwendig, da jedes Haar mit einem elektrischen Instrument mit Nadelspitze angestochen wurde, und dann ein elektrischer Impuls auf die Haarwurzel gegeben wurde, um sie abzutöten. Dabei ist zu beachten, dass es verschiedene Wachstumsphasen des Haares gibt und so eine Gesichtsfläche in mehreren Behandlungen bearbeitet werden muss, um diese frei von Haaren zu bekommen. Da ich im Durchschnitt einmal wöchentlich zu Ebony ging, dauerte es gut zwei Jahre bzw. ca. einhundertzwanzig Stunden, bis mein Gesicht zu unserer Zufriedenheit enthaart war.

Die Behandlung war leider sehr schmerzhaft, zumal ich als Rothaarige sehr empfindlich reagiere. So ging ich vor der Behandlung über der Oberlippe zuvor zu meinem Zahnarzt, um mir eine Schmerzspritze geben zu lassen, damit ich die Behandlung erträglich überstehen konnte. Kurz vor meiner offiziellen Vornamensänderung hatte ich – endlich – die Behandlung abgeschlossen.

Im Übrigen besuchte ich einige Wochen nach meiner großen Operation die beiden „Haar-Killerinnen", die mittlerweile zusammenarbeiteten, in ihrer Praxis. Sie fanden, dass ich toll aussehe, und erzählten mir, dass sie ursprünglich gedacht hatten, dass ich nicht transsexuell sei, da zum Zeitpunkt unseres Kenennlernens mein Auftritt doch eher transvestitisch war.

So kann man sich täuschen!

Ich hatte mich zu den Epilationsbehandlungen ursprünglich hinreißen lassen, ohne mir zuvor die Behandlung von meiner privaten Krankenversicherung genehmigen zu lassen. Ich musste im Nachhinein feststellen, dass sie von der Laserbehandlung nichts und von der Nadel-Epilation nur etwa die Hälfte bezahlten. Aus Fehlern wird man klug! Die Behandlung muss auf jeden Fall im Vorfeld von der Krankenkasse/-Versicherung genehmigt werden. Denn dann werden nach derzeitiger Rechtslage die Kosten dafür übernommen.

Logopädie

Bei Mann-zu-Frau-Transsexuellen ändert sich bei Hormon-Umstellung bedauerlicherweise nichts mit der Stimme. Sie bleibt wie sie ist, da das „V" der Stimmbänder unverändert bleibt. Es gibt zwar die Möglichkeit einer Operation, bei der die Stimmbänder teilweise verklebt werden, so dass aus der V-Form eine Y-Form wird. Das Ergebnis ist aber unbestimmt und in häufigen Fällen unbefriedigend. Ein kräftiger, weil männlicher Körperbau und eine Pieps-Stimme passen nun mal nicht zusammen. Außerdem benötige ich meine Stimme für den Gesang bei Bühnenauftritten, weshalb ich das unabschätzbare Risiko nie eingegangen wäre. So kam für mich nur die Möglichkeit einer logopädischen Behandlung in Frage.
Da mir niemand bei meiner Umfrage in der VIVA eine geeignete Logopädin nennen konnte, suchte ich auf Verdacht eine aus, die in der Nähe meines Arbeitsplatzes ihre Praxis hatte, damit ich nicht zu lange in der Arbeit fehlte. Ich war in der Firma noch nicht geoutet und wollte durch

Abwesenheit nicht zu sehr auffallen. Bei meinem ersten Besuch erzählte mir die Logopädin, dass sie bisher noch keine Erfahrung mit Stimmbildung bei Transsexuellen habe; sie wolle es aber versuchen. Da grundsätzlich die Chemie zwischen uns stimmte, begannen wir mit der Therapie. Zunächst erklärte sie mir, dass nicht nur die Stimmhöhe den Unterschied zwischen einer männlichen und einer weiblichen Stimme ausmache, sondern viele andere Eigenschaften die Stimme prägen – so die Melodie und Dynamik, der Redefluss, die Gestik und Körpersprache, die Wortwahl, die Resonanz und die Aussprache. Zu den Behandlungs-Stunden war es für das richtige Feeling notwendig, dass ich mich als Frau anzog. Das ständige Hin und Her in der Rolle – ob bei Psychotherapie oder Logopädie – war für mich nicht einfach zu verkraften, aber es gehörte eben zur jeweiligen Therapie. Andererseits konnte ich jeweils in meine Wunschrolle schlüpfen.

Bei laufendem Tonband machten wir Sprechübungen, die ich mir zu Hause anhörte und zu verbessern versuchte. Leider muss ich sagen, dass diese Übungen nicht zu einem akzeptablen Ergebnis führten. Ich konnte mit dem Ergebnis nicht zufrieden sein, da ich mich in meiner „neuen" Stimme nicht wieder erkannte. Sie passte einfach nicht zu mir und hatte auch nichts von einer angenehm dunklen Stimme von Frauen, die mir gefallen hätte. Nach zwanzig Stunden brach ich die Behandlung ab, da ich keinen Erfolg darin sah.

Im Lauf der Zeit hatte ich versucht, durch Rücknahme von Kraft meine Stimme sanfter und weiblicher zu machen. Leider blieb sie aber eine männliche Stimme. Längere Zeit nach dem ersten Logopädie-Versuch wurde mir durch eine Freundin eine Logopädin empfohlen, die eine vollkommen andere Vorgehensweise hatte als die erste. Doch auch diese Methoden führten nicht zu dem von mir gewünschten Erfolg.

Heute, nach vielen Jahren, werde ich in vielen Fällen als biologische Frau betrachtet, nur selten stolpern Gesprächspartner in einem persönlichen Gespräch über meine Stimme. Anders jedoch am Telefon! Obwohl ich heute einige Töne höher spreche, werde ich immer wieder mit „Herr" angesprochen, und ich muss meinen Gesprächspartner darauf aufmerksam machen, dass er mit „Frau" Schmittke spricht, worauf er sich in der Regel auch umgehend entschuldigt.

Mittlerweile ist es für mich nicht wichtig, ob mich meine Stimme verrät oder nicht. Letztlich zählt für mich, dass ich im Jetzt als Frau erkannt und akzeptiert werde. Egal, ob man in mir den früheren Mann noch erkennt!

Coming Out gegenüber den Söhnen

Im Spätsommer 2002 verreisten Ilse und ich in die Toscana. Seit Teneriffa war Urlaubszeit gleich Frauenzeit! Bei unserer ersten Pause im Eingang des Ötztals zog ich mich um. Es fuhren jetzt zwei Frauen im offenen Cabrio mit wehenden Haaren Italien entgegen. Unsere Route hatte ich nicht ganz glücklich gewählt, da über das Timmelsjoch just ein Profi-Radrennen stattfand, das uns mindestens drei Stunden aufhielt. Gegen Abend erreichten wir dennoch unsere Zwischenstation an der Südtiroler Weinstraße, bevor es am nächsten Tag über den Apenninenpass „Abetone" Richtung Lucca ging.

Ohne weitere Zwischenfälle kamen wir in meinem Lieblingsbadeort Viareggio an. Wir verbrachten eine entspannte Woche mit Strandspaziergängen und Baden im Meer. Bikini beziehungsweise Badeanzug waren für mich selbstverständlich geworden, ich benötigte aber noch Gel-Einlagen für die Brüste. Dennoch spürte ich immer wieder Blicke auf mich gerichtet. Als wir einmal in einem Strandbad Liegestuhl und Schirm gemietet hatten, verspürte ich, dass mir eine Frau sehr auffällig und schamlos auf meinen Schritt schaute, ob sie nicht etwas sehen könnte, was da bei einer Frau nichts zu suchen hätte. Ich fühlte mich daraufhin sehr unwohl, und Ilse erging es ähnlich wie mir. Das ungenierte Verhalten von Fremden ist immer wieder erstaunlich und verblüffend; sie mustern einem mit einer Dreistigkeit und Unverfrorenheit, dass man geneigt ist, zu ihnen hinzugehen und sie auf ihr ungeziemendes Verhalten hinzuweisen.

Auf Grund dieser Erfahrung war uns die Laune auf gepflegte Strandbäder vergangen. Zukünftig fuhren wir zum freien Strand, an dem wir uns wesentlich wohler fühlten. Da er sehr weitläufig war, konnten wir uns einen Platz ohne viele Menschen um uns herum suchen. So spazierten wir an der Wasserlinie entlang und breiteten unsere Strandtücher aus, wo es uns gefiel. Wir genossen Sonne und Meer. Auch die Schwulen hatten an diesem freien Strand ihren bevorzugten Abschnitt, weil sie sich dort freier bewegen konnten als in einem Strandbad.

So vergingen unsere Tage! Da wir nur Übernachtung mit Frühstück hatten, probierten wir an den Abenden verschiedene Restaurants aus. Meistens hatten wir gut gewählt. Unsere Gesprächsthemen waren zu der Zeit ausschließlich auf meine Entwicklung bezogen, und so kam auch die Frage hoch, wie wir zu Hause in Zukunft mit meiner Transsexualität und dem weiteren Outing vorgehen sollten. Es war für mich selbstverständlich, dass ich Ilse in meine Überlegungen mit einbezog – sie war ja ebenso betroffen.

Wir beschlossen, nach dem Urlaub die Söhne mit meiner Transsexualität vertraut zu machen. Der ältere Sohn Alexander war bereits zwanzig und der jüngere Sohn Markus hatte mit siebzehn gerade eine nicht ganz unproblematische Pubertät hinter sich gelassen. Wir beschlossen, es wagen zu können!

Nach einem zweitägigen Abstecher an den Gardasee und insgesamt zwei Wochen Urlaub kamen wir wieder nach Hause. Zuvor musste ich allerdings wieder in die Männerrolle wechseln, da ich das Outing in der häuslichen Umgebung wie gesagt noch nicht vollzogen hatte.

Am Tag nach der Ankunft setzten wir uns zu viert zusammen: Ilse, Alexander, Markus und ich. Ich nahm mir allen Mut zusammen, um meinen Kindern die Nachricht zu überbringen, dass ihr Vater eine Frau ist.

Das erwartete Drama blieb aus! Die Kommentare meiner Söhne waren „wir sind doch modern und mit so etwas vertraut" oder „wir haben damit überhaupt kein Problem". Unser Jüngerer sagte spontan in seinem Jungenjargon, wenn einer gegen mich etwas sagen würde, der bekäme „eine auf's Maul". Ja, die jungen Löwen – er ist Sternbild Löwe! Das Gespräch war viel leichter, als wir erwartet hatten, und ohne jegliches Drama verlaufen. Ich war sehr erleichtert, dass sie es zunächst so locker aufgenommen hatten. Ich teilte ihnen mit, dass es schön wäre, wenn sie mich beim Vornamen nennen würden und auf die Anrede „Papa" – wie bisher – verzichten würden. Es klingt nun mal nicht stimmig, wenn man als Frau mit „Papa" angeredet wird. Ich versicherte ihnen, dass ich unabhängig von meiner neuen Rolle immer ihr Vater mit allen Konsequenzen bleiben würde und immer für sie da sei.

In den nächsten Tagen zeigte sich jedoch, dass das Verhalten der Beiden doch etwas zu cool war.

Während Markus sichtlich mit dem Ist-Zustand haderte und einen inneren Kampf ausfocht, zog sich Alexander in sein Schneckenhaus zurück. Alexander ist von Haus aus eher introvertiert, Markus hingegen kommt nach mir und trägt seine Probleme offen aus.

Einige Monate später, als ich bereits voll in der Frauenrolle lebte, spürte ich die ganze Problematik, die mein Älterer mit meiner Verwandlung hatte. Wenn er mit der gleichen S-Bahn wie ich fuhr, und ein Freund oder Bekannter von ihm in seiner Nähe war, verhielt er sich so, als würde er mich nicht kennen. Es war ihm einfach sehr unangenehm, so einen Papa zu haben. Er hatte bisher alles um mich verdrängt.

Daraufhin setzte ich mich mit ihm zu Hause zusammen, um ihn anzuregen, sich mit der Veränderung auseinander zu setzen, da der Zustand nun mal Fakt war und nicht tot geschwiegen werden konnte. Dieses Gespräch nahm er sich sehr zu Herzen und ging fortan anders mit mir in der Öffentlichkeit um – er stand jetzt zu der Frau, die bisher ein Mann und sein Vater war.

Bei Markus legte sich bald die innere Spannung, und er ging fortan sehr locker mit der Realität um. Er machte kein Geheimnis daraus und sprach mit Freunden und Freundinnen darüber. Diese freuten sich dann auch, wenn sie mich in Lokalen sahen und baten mich sogar an ihren Tisch, damit ich nicht so allein sitzen müsse.

Insgesamt haben die Beiden im Lauf der Zeit gelernt, mit mir als Frau umzugehen, und haben mich sehr lieb. Manchmal ist bei Markus jedoch auch durchgekommen, dass der Umgang mit mir doch etwas anders ist als mit seinem früheren Papa. Während wir uns zuvor auf Grund unserer charakterlichen Ähnlichkeit gerne über manches ereiferten und stritten, beschwerte er sich eines Tages, dass ich mich schon wie Mama verhalten würde, die einem Streit immer aus dem Weg gehe. Ich erklärte ihm, dass ich auf Grund der hormonellen Umstellung – ohne Testosteron – wesentlich ruhiger und weniger aggressiv sei und deshalb auch anders reagieren würde.

Über einen unbeabsichtigten Ausrutscher von Markus muss ich noch berichten.

Als er seine Koch-Ausbildung begann, gingen wir gemeinsam ein Messer-Set für ihn kaufen, das er von mir zum Berufsstart geschenkt bekam. Ich hatte zu diesem Zeitpunkt meinen Rollenwechsel bereits komplett vollzogen. Als ich einwilligte, das bessere und damit auch teurere Set zu kaufen, bedankte er sich, wie von früher gewohnt, mit „Danke, Papa!". Die Verkäuferin schaute darauf hin zwar etwas verdutzt, aber gesagt war nun mal gesagt. Markus merkte auch gleich seinen Fauxpas, aber es war nun Mal raus. Draußen vor dem Geschäft hat er sich für seinen Fehler auch gleich entschuldigt. Es war in so fern nicht tragisch, da das Outing in einem Spezialgeschäft passierte, in das wir sowieso lange nicht mehr kommen würden, und somit der Versprecher Makulatur war.

Coming Out in der Firma

Ich ließ mir Zeit für meinen Weg, da ich ganz sicher gehen wollte, wo ich hin gehöre. Und so ließ ich mich von meinem Bauchgefühl treiben. Dass ich alles Materielle verlieren könnte, war mir zwar bewusst, aber ich versuchte es auszublenden. Eine permanente Angst um „schnöden Mammon" hätte mir meine Entscheidungen und einzelne Schritte nur erschwert. Ich vertraute auf das Verständnis der Menschen, die mir wichtig waren. Vor einem hatte ich jedoch Angst: dass ich gegen alle Vernunft aus Sicht meiner Auftraggeber meinen Job verlieren könnte und das Haus von Ilse und mir, auf dem noch Belastungen ruhten, gefährdet wäre.

Deshalb wollte ich mich in der Firma erst outen, wenn das Hauptdarlehen auf unser Haus getilgt war und nur noch eine kleine Belastung aus einem Bauspar-Vertrag offen war. Zu unserer damaligen Sekretärin hatte ich ein sehr gutes Verhältnis und Vertrauen, weshalb ich ihr meine Transsexualität verriet. Sie war bis zu diesem Zeitpunkt in jeder Beziehung zu allen Kollegen loyal und konnte auch ein Geheimnis – gerade vor der Geschäftsleitung – sehr gut für sich behalten. Als ich im späten Frühjahr 2003 auf Dienstreise war, wurde sie jedoch von dem Münchner Geschäftsstellenleiter und dessen mitarbeitender Ehefrau dermaßen unter Druck gesetzt, dass sie mich verriet. Ich erfuhr erst viel später von dem Vertrauensbruch, als mich ein Mitarbeiter aus der Zentrale, dem ich mich ein paar Tage zuvor geoutet hatte, anrief und mir berichtete, dass ich bereits seit zwei Monaten bei der Geschäftsleitung geoutet war. Niemand von der Geschäftsleitung hatte die Courage, mich auf die Situation direkt anzusprechen. Ich war von ihnen – sowohl in München als auch in der Firmen-Zentrale – bereits verurteilt, ohne dass sie von mir eine Stellungnahme eingeholt hatten. Es hätte ja auch ein Gerücht sein können. Auch die „Verräterin" sagte keinen Ton, da sie sich schämte; weil sie aber wohl schon länger alkoholabhängig war, wovon ich nichts wusste, war sie nicht in der Lage, dem Druck von oben standzuhalten.

Auf Grund der Information aus der Zentrale stürmte ich wutentbrannt in das Büro des Münchner Geschäftsstellenleiters, Herrn Z., und stellte ihn zur Rede. Er war jedoch zu feige (Zitat: „ich möchte da nicht vorgreifen") und verwies auf einen gemeinsamen Termin, der mit dem Hauptgeschäftsführer, Herrn J., stattfinden solle. Nach drei Wochen war es dann soweit! Also saß ich mit den Herren Z. und J. sowie dessen Sohn, der mir als zukünftiger Geschäftsführer vorgestellt wurde, und deshalb dem Meeting beiwohnen sollte, zusammen. Die Herren hatten sich bereits einen „Schlachtplan" zurecht gelegt:

Ich sollte im Home Office arbeiten, da ich nach Meinung der Geschäftsleitung den Mitarbeitern nicht zumutbar sei.

Ich sollte keine Kunden-Kontakte wahrnehmen dürfen, weder persönlich noch telefonisch.

Zu Terminen in der Firma hätte ich in Hosen zu erscheinen.

Ich müsse meinen Stundensatz um 10 Euro (ca. 15%) senken, weil ich zu teuer sei; vielleicht war der Hauptgeschäftsführer auch der Meinung, dass Frauenarbeit ja billiger sein müsse.

Ich hatte nicht erwartet, auf solch mittelalterliches Verständnis zu stoßen. Auch erschreckte mich die Ausnützung meiner persönlichen Notlage, meinen Stundensatz ohne Begründung zu senken. Ich hatte meine Arbeit behalten, aber nur, weil man nicht auf mich verzichten konnte; ich war zu diesem Zeitpunkt an meinem Arbeitsplatz so gut wie nicht ersetzbar gewesen, da außer mir kein Mitarbeiter das System ohne sehr großen finanziellen und zeitlichen Aufwand hätte betreuen können.

Doch wie hätte ich in meiner Situation anderweitig Geld verdienen können? Ich war erpressbar – und das wurde durch den Auftraggeber schamlos ausgenutzt!

Es wurde nun der Versuch unternommen, meinen privaten Computer so einzurichten, dass ich alle Aufgaben wie bisher von zu Hause hätte durchführen können. Dieser schlug jedoch fehl! Es war eine Betreuung der Kunden-Systeme nicht in gewohntem Umfang möglich gewesen; außerdem war das System sehr instabil. Nachdem ich betroffene Kunden entsprechend in Kenntnis gesetzt hatte, übten diese Druck auf die Geschäftsleitung aus und erreichten, dass ich wieder im Büro arbeiten durfte. Wie sich herausstellte, hatte auch keiner der Mitarbeiter ein Problem, mit einer Frau statt eines Mannes zusammen zu arbeiten. Ich wurde so akzeptiert. Offensichtlich hatte nur der Geschäftsstellenleiter ein kleines – oder auch größeres – Problem damit, jedoch ohne sich darüber zu äußern. Vor allen Dingen wurmte es ihn, dass ich mich über die Kleiderordnung hinwegsetzte und auch im Rock zur Arbeit kam. Darüber hatte er mir Jahre später noch einen Vorwurf geäußert, dass ich mich über Firmenanweisungen hinweg setzen würde.

Somit war ich jetzt komplett geoutet – ich konnte damit jetzt äußerlich komplett in die Frauenrolle schlüpfen.

Ein letztes Aufbäumen

Es gab jedoch einen Rückfall!

Etwa zwei Monate nach dem Firmen-Outing hatte ich das übermächtige Gefühl, dass ich den transsexuellen Weg nicht schaffe, und wollte zurück rudern, musste aber nach zwei Tagen feststellen, dass ich nicht mehr in der Männerrolle leben konnte. Ich stellte fest, dass ich mich nicht mehr mit den Verhaltensweisen vieler Männer identifizieren wollte.

Nach dieser kurzen Odyssee zog ich mich mit innerer Genugtuung wieder als Frau an und fühlte mich so richtig angezogen. Am Abend hatte ich mit Familie und Freunden, die zu Besuch waren, eine kleine gemütliche Feier beim Dorfwirt, und ich genoss, wieder in die richtige Rolle gefunden zu haben. Ich war glücklich, den Irrtum ganz schnell hinter mir gelassen zu haben.

Damit wurde mir endgültig klar, dass es nur den Weg nach vorne und keinen zurück für mich geben kann. Mit allem, was dazu gehört! Die Würfel waren gefallen, dass ich den ganzen Weg gehen muss und will.

Einige meiner Bekannten beklagten sich, dass sie sich mit dem Vornamen Verena schwer tun würden, und ob ich nicht einen Namen wählen könnte, der eingängiger wäre und irgendwie in Verbindung mit meinem früheren Vornamen stünde. Die Walküre „Brunhild(e)" wollte ich auf keinen Fall sein – man sollte kein Öl ins Feuer gießen. Also durchsuchte ich im Internet die Vornamensregister auf einen Namen, der mit dem gleichen Anfangsbuchstaben wie mein männlicher beginnt, und der kurz und leicht zu merken ist. Und so kam ich auf Bea als Kurzform für Beate. Diesen Namen sollte sich Jeder merken können. Ich entschloss mich daraufhin, den Namen Beate – die „Glückliche" – meinem eigentlichen Wunschnamen Verena voranzustellen. So war es auch nicht nötig, meine damalige eMail-Firmenadresse zu ändern; es blieb bei bschmittke@... Ebenso konnte ich in der Übergangsphase meine Signatur auf B. Schmittke festlegen, da ich nicht vorhatte, mich auch Empfängern zu outen, die mir dafür nicht wichtig genug erschienen.

Vorstandschaft in der VIVA

Im Spätherbst 2003 war ich mit mir schon sehr im reinen, und so ließ ich mich von der damals aktuellen Vorsitzenden überzeugen, den Vorsitz der VIVA zu übernehmen. Trotz sehr viel Stress in der Arbeit gab ich ihrem Drängen nach, da ich sehr viel aus meiner Vereinszugehörigkeit für mich gewonnen hatte. Sie selbst war beruflich sehr engagiert, wollte außerdem den TS-Weg nicht mehr weitergehen und bat mich deshalb, zu kandidieren, weil ich die geeignete Person sei, die den nicht immer ganz einfachen Verein führen könne.

Am Wahlabend tauchte eine neue Transfrau auf, die ich an diesem Abend zum ersten Mal gesehen hatte. Wenn ich mich recht erinnere, war sie auch noch kein Mitglied. Also meldete sie sich an, um als Beisitzerin kandidieren zu können. Es war schon bei vorhergehenden Wahlen schwer, genügend Aktive zu finden, die bereit waren, Verantwortung in der Vorstandschaft zu übernehmen. Und so kam die Neue in den Wahlvorschlag und wurde dann auch wie alle anderen vorgeschlagenen Bewerber gewählt. Sie nannte sich Lilith. Ich weiß nicht, ob sie sich ihren Namen nach der ersten Frau Adams im alten Testament ausgesucht hat; ich glaube eher, dass der in alten Schriften gleichnamige Dämon Pate gestanden hatte – zumindest ließ ihr Verhalten darauf schließen.

Nomen est Omen! Unmittelbar nach der Wahl wurde mir und den anderen Vorstandsmitgliedern klar, wen wir uns eingefangen hatten – eine Querulantin auf allen Gebieten!

Ihr ständiger Spruch war: „Alles wird gut!" – das klang wie purer Hohn; denn sie sorgte immer wieder dafür, dass eben nichts gut wurde.

Es dauerte nur ein paar Wochen, bis es zu Unmutsbekundungen mehrerer Vorstandsmitglieder über Lilith kam, und sie mit ihr nicht mehr zusammenarbeiten wollten, da diese ständig ihre Kompetenzen überschritt und eigenmächtig handelte. Sie hatte es aber verstanden, mich zunächst für sich zu gewinnen. So versuchte ich sie zu verteidigen und zu vermitteln, da wir im gewählten Vorstand keine Möglichkeit hatten, sie auszutauschen; sie war ebenso wie wir rechtmäßig gewählt worden.

Außerdem hatte die Kassenführerin am Wahltag ihre buchhalterischen Fähigkeiten überschätzt. Als sich dann auch noch ein Manko in der Kasse ergab, hatte ich keine andere Möglichkeit, als mit der Zustimmung des gesamten Vorstands der kaufmännisch ausgebildeten Lilith die Kassen-Funktion zu übertragen und die gewählte Kassenführerin als Beisitzerin einzusetzen.

Eigenmächtig führte Lilith darauf hin ein neues Buchhaltungssystem ein, weil sie persönlich das andere besser fand als das vorhandene. Das es aber in keiner Weise war!

Sie führte ein Schmarotzertum und ließ sich von allem und jedem – bevorzugt auch von mir – frei halten. Nachdem sie sich in mein Privatleben einmischte und mir meine Frau ausspannen wollte, sah ich logischerweise nur noch Rot. So konnte sie von mir keine Unterstützung mehr erwarten! Im Gegenteil: sie hatte sich damit zu meiner Feindin gemacht. In der damaligen Situation war ich auch nicht in der Lage, Verein und Privat zu trennen. Zu sehr war ich verletzt!

Da in der Buchhaltung zudem nichts besser geworden war, haben wir im Vorstand erwirkt, dass Lilith keine Funktion mehr begleiten sollte. Keinem war damit gedient. Auf Grund der vorhandenen Satzung war es leider nicht möglich, Lilith aus dem Vorstand hinauszuwerfen, obwohl mit ihr keiner mehr zusammen arbeiten wollte und konnte. Um nicht noch mehr Probleme mit der Kassenführung zu bekommen, habe ich diese selbst übernommen, bin auf das frühere Buchhaltungssystem zurück gestiegen und habe fortan auch die Tätigkeit der Kassenführung und Buchhaltung übernommen.

Zum Hohn wollte Lilith auch noch eine Bestätigung, dass die Stunden, die sie mit der Einführung der neuen Buchhaltung aufgewendet hatte, als Sozialarbeit von uns bestätigt würde, da sie auf Grund eines früheren Delikts zu sechzig Stunden Sozialdienst gerichtlich verurteilt worden war. Diese Bestätigung verweigerten wir – auch wenn sie uns vorweinte, dass sie dann in den „Knast" müsse. Das hätte sie sich überlegen sollen, bevor sie uns alle zu Feinden gemacht hatte!

Die Motivation aller Vorstandsmitglieder war am Boden. So hatten wir es uns alle jedenfalls nicht vorgestellt, die VIVA zu führen! Statt Sozialarbeit zu leisten, waren wir leider nur in der Lage, den normalen Betrieb mit Themen-Abenden und freien Abenden aufrecht zu erhalten. Besuche von operierten Mitgliedern, Weiterentwicklung der VIVA-Homepage und Herausgabe eines neuen VIVA-TISSIMUS (Informationsheft für Mitglieder), waren in weite Ferne gerückt. Neben meiner anstrengenden beruflichen Tätigkeit versuchte ich, das Schiff VIVA ohne Havarie durch die Klippen zu schiffen. Auch hatte ich meine geschlechtsangleichende Operation im Sommer 2004. Während dieser Wochen konnte ich nur bedingt meiner Vorstandtätigkeit nachkommen.

Da der Vorstand jeweils für ein Jahr gewählt wurde, standen somit im November 2004 wieder Neuwahlen an. Nach den gemachten Erfahrungen hatte keiner mehr Lust, noch sein Ehrenamt weiter zu begleiten. Da das vergangene Jahr für den Verein insgesamt eine Zerreißprobe darstellte, versuchten wir durch eine Satzungs-Änderung zukünftige Neuwahlen zu erleichtern, indem der Vorstand auf fünf statt sieben Mitglieder verringert werden sollte. Da dies jedoch ohne weiteres nicht möglich war und nicht genügend andere Vorstandskandidaten zur Verfügung standen, hatten wir uns bereit erklärt, die Vereinsgeschäfte kommissarisch weiterzuführen, bis ein neuer Vorstand gebildet werden konnte. Nach einem weiteren halben Jahr konnten wir dann endlich unsere Ämter an den neu gebildeten Vorstand übergeben. Ich war froh, dass die Querelen den Verein nicht zerbrochen hatten – die VIVA war sehr nahe am Abgrund.

Geschlechtsangleichende Operation

Ich hatte mich entschieden, die geschlechtsangleichende Operation von der erfahrensten Chirurgin auf diesem Fachgebiet, Frau Dr. Spehr, vornehmen zu lassen. Sie führte zu dieser Zeit in der Regel pro Woche eine geschlechtsangleichende Operation durch, so dass viele Kandidatinnen über ein Jahr auf einen OP-Termin bei ihr warten mussten. Deshalb lies ich mir einen Termin bereits im Spätsommer 2003 zur Vorstellung bei ihr geben, auch wenn ich noch keine Gutachten vorlegen konnte, und die letzte Entscheidung noch nicht gefallen war. Ich wollte einfach auf der Warteliste stehen, wenn der Weg dazu geebnet sein wird.

Für das Vorstellungsgespräch hatte ich mir den Tag frei genommen und mich – nach meinem Empfinden – schick gemacht. Bevor Frau Dr. Spehr mich begrüßte, musterte sie mich und meinte nur: „Sie sind zu dick! Wenn ich Sie operieren soll, müssen Sie mindestens fünf Kilo abnehmen. Und außerdem – Frauen in unserem Alter tragen die Haare nicht so lang!". Ich finde den letzten Satz besonders bemerkenswert und witzig, da Frau Dr. Spehr immerhin 15 Jahre älter ist als ich. Danach untersuchte sie mich körperlich bezüglich des für die OP vorhandenen „Materials" und erklärte sich bereit, zu gegebener Zeit die Operation durchzuführen.

Die Voraussetzungen waren dann mit den Gutachten und der Namensänderung nach §1 TSG im März 2004 gegeben. Ich war etwas überrascht, als ich Ende Mai 2004 einen Anruf von der Orthopädischen Privatklinik, in der

Frau Dr. Spehr praktizierte, erhielt, dass die Operation wegen Ausfalls einer Patientin bereits am 21. Juni 2004 durchgeführt werden könnte. Ich sagte den Termin zu und leitete alle beruflichen Schritte in die Wege, da ich für mindestens drei bis vier Wochen ausfallen würde. Einige Zeit nach meiner Vornamensänderung hatte mir Ilse endgültig mitgeteilt, dass es für unsere Beziehung keine Zukunft geben könne, aber sie immer zu mir halten werde. Ich hielt es auf Grund der bevorstehenden großen Operation für angemessen, eine Patientenverfügung zu erstellen, auch wenn das Risiko nicht größer als bei anderen Eingriffen war – aber man ist nie ganz sicher vor Komplikationen. Da ich mich schon immer auf Ilse verlassen konnte, war es für mich auch selbstverständlich, dass ich ihr die Generalvollmacht ergänzend zu meiner Patientenverfügung erteilte.

Nach den OP-Vorbereitungen wie Blutsenkung, Blutabnahme und so weiter betrat ich wohl vorbereitet am Samstag, dem 19. Juni 2004 die Klinik. Ich hatte mich gewundert, dass ich bereits zwei Tage vor der OP erscheinen sollte, aber Frau Spehr teilte mir bei der Visite am Nachmittag mit, dass sofort die Abführmaßnahmen eingeleitet werden müssten, damit ich auf die OP gut vorbereitet sei. Die eineinhalb Tage Abführen waren sehr unangenehm – aber in der großen Erwartung erträglich. Nach unruhiger Nacht wurde ich am Montag früh um 7:30 Uhr in den Operationssaal gefahren. Wenn ich aufwache, bin ich endlich äußerlich einer Frau angepasst – das waren meine letzten Gedanken, die mir durch den Kopf gingen, bevor ich durch die Narkose einschlief. Irgendwann erwachte ich in unbekannter Umgebung durch einen starken Druck am linken Oberarm, die Blutdruck-messung. „Du lebst also, du hast es überstanden!" waren meine ersten Gedanken.

Und dann spürte ich den Schmerz in Armen und Beinen – gleich einem extremen Muskelkater. Dieser sollte noch zwei Tage anhalten, bis er abgelöst wurde durch Rücken-schmerzen, die vom bewegungslosen Liegen auf dem Rücken herrührten. Doch zurück zu den Stunden nach der OP! Ich wollte nur meine Ruhe haben und schlafen. An einen ruhigen Schlaf war jedoch nicht zu denken, da die Blutdruckmessung mich im Stunden-Rhythmus im-mer wieder aus dem Schlaf riss.

Doch auch diese Nacht ging zu Ende und in der Frühe bekam ich starken Appetit nach einem Frühstück durch den Kaffeeduft, der vom Schwesternzimmer zu mir kroch. Wenige Stunden später wurde ich auf mein Zimmer ge-bracht und konnte nach ein paar Schluck Tee endlich Ruhe zum Schlafen finden.

Der Blick in den gähnenden Schlund

Am dritten Tag nach der OP durfte und musste ich zum ersten Mal aufstehen und hatte auch meine erste Kon-troll-Untersuchung, zu der ich einen Handspiegel mit-nehmen musste. Als der Verband entfernt war, bat mich Frau Dr. Spehr, das Ergebnis zu begutachten. Was ich sah, war ein „gähnender schwarzer Schlund", der oben von einem „Reißverschluss" begrenzt wurde – so sah jedenfalls die geklammerte Naht aus. Der Anblick erin-nerte mich an ein verbranntes Brat-Hähnchen, dem man in die Po-Öffnung schaut.

Sie prüfte die Reaktion auf die neu geschaffene Klitoris, zu der die Eichel gelegt worden war, und wir waren mit dem Ergebnis zufrieden. Dann wurde ich noch in die Handhabung des sogenannten Stent eingewiesen; dies ist ein Platzhalter, der in die Neovagina eingeführt und aufgepumpt wird, um die Scheide in Form zu halten. Der Stent wird leider seit kurzer Zeit nicht mehr produziert, da die Produktion wohl nicht mehr rentabel genug ist.

Wenn ich manchmal bei den Untersuchungen empfindlich reagierte, bekam ich eine Rüge, ich solle nicht so zimperlich sein; eine Frau sei nicht so empfindlich.

Zwei Wochen nach der Operation wurde ich aus der Klinik entlassen und fühlte mich wohl, als mich Ilse abholte. Nach ein paar Tagen setzten jedoch starke Schmerzen im Scheidenbereich ein, die ich nur mit starken Schmerzmitteln ertrug.

Erst hat man kein Glück – dann kommt auch noch Pech dazu

Am nächsten Tag fuhr ich deshalb wieder zur Untersuchung in die Klinik. Was da Frau Dr. Spehr sah, relativierte ihre früheren Rügen wegen der Zimperlichkeit. Nachdem sie einen vier Zentimeter langen und ein Zentimeter breiten Riss in der Scheide entdeckt hatte, sagte sie nur zu mir: „Sind die roten Haare Ihre Naturhaarfarbe? Wenn ich das gewusst hätte, hätte ich Sie wegen Zimperlichkeit nicht so angepfiffen." Sie entschied, den Stent vorerst nicht zu benutzen, da sie eine Latex-Allergie vermutete, und füllte die Scheide mit einem Ersatz-Platzhalter.

Da eine Bekannte von mir bereits Komplikationen wegen Unverträglich von Latex hatte, hatte ich extra vor der OP einen Allergietest auf Latex durchführen lassen, der jedoch keine Überempfindlichkeit ergeben hatte. Frau Dr. Spehr bestand auf einem erneuten Allergietest noch am selben Tag auf Latex und andere Substanzen, die sie für die Stent-Alternaive verwenden wollte; dieser Test ergab leider eine Unverträglichkeit nicht nur auf Latex, sondern alle anderen möglichen Stoffe, die sie anwenden wollte. So blieb als einzige Alternative das „Bouchieren" mit Vibrator. Ferner verschrieb sie mir einen Hägar-Stift, einen Metallstift, der in der Gynäkologie in verschiedenen Stärken Verwendung findet. Die Wunde verheilte sehr schnell, und ich konnte nach wenigen Tagen die Klinik wieder verlassen.

Nach einigen Wochen traten jedoch wieder Komplikationen auf: eine Harnröhren-Stenose. Die nicht selten auftretende Verengung der Harnröhre ist zwar unangenehm, aber machte nur einen kleinen Eingriff notwendig. Nach zwei Tagen konnte ich die Klinik wieder verlassen.

Der weitere Verlauf war dann normal. Kurz vor Weihnachten wurde die geplante zweite Operation durchgeführt, bci der unter anderem der Damm verkürzt wurde. Somit waren alle geschlechtsangleichenden Maßnahmen abgeschlossen. Mehrere kompetente Ärzte haben mir bestätigt, dass das Ergebnis sehr natürlich aussieht – wie bei einer biologischen Frau meines Alters.

Endlich fertig – hurra, es ist ein Mädchen!

Nach 52 Jahren war meine „lange Geburtsphase" endlich abgeschlossen – ich war im richtigen Körper, soweit dies nach heutigen medizinischen Gegebenheiten möglich ist. Ich fühlte mich von den zuletzt doch sehr lästigen männlichen Genitalien befreit – es war jetzt endlich nichts Störendes mehr zwischen meinen Oberschenkeln, das da nicht hingehörte. Das Glück darüber trat jedoch nicht schlagartig ein, sondern wuchs langsam zu einer inneren Zufriedenheit.

Neuerdings ist es durch Änderung des Transsexuellen-Gesetzes möglich, dass eine „Frau" sich nicht operieren lassen muss, um vor dem Gesetz als Frau gelten zu können. Auslöser dazu war die Klage einer Transsexuellen, die aus Alters- und Gesundheitsgründen die OP nicht mehr wagen und dennoch die Personenstandsänderung durchsetzen wollte, der dann auch vom Bundesverfassungsgericht stattgegeben wurde. Daraufhin wurden die entsprechenden Absätze in §8 Transsexuellen-Gesetz ersatzlos gestrichen. Auf diese Weise ist es heute möglich, dass selbst sogenannte „Transen", die mit ihrem „Schwanz" ihr Einkommen mit Prostitution bestreiten, die Personenstandsänderung erhalten können.

Ich kann nur sehr schwer verstehen, dass sich Trans-Frauen aus anderen Gründen als dem Risiko der Operation nicht unterziehen wollen, obwohl keine gesundheitlichen Gründe bei ihnen bestehen. Sicher stellt eine Operation immer ein gewisses Risiko dar, und es können Komplikationen auftreten, aber für mich persönlich gab es ab dem Zeitpunkt, ab dem ich sicher war, eine Frau zu sein, keinen sehnlicheren Wunsch, endlich körperlich einer Frau angepasst zu sein. Ich habe kein Verständnis für diese grundsätzliche gesetzliche Handhabung. Warum musste das Gesetz wegen einer Ausnahme unbedingt geändert werden? Vielleicht bin ich auch auf Grund meines Alters ein wenig altmodisch und weniger tolerant, aber ich kann dies auch aus ethischen Gründen mit mir nicht vereinbaren.

In selbiger Gesetzesänderung wurde ferner die Klausel entfernt, die regelte, dass eine dauerhafte Fortpflanzungsunfähigkeit gegeben sein muss. So gesehen kann eine „Frau" Kinder zeugen. Sehr fragwürdig!

Für mich hat eine Frau eine Vagina und KEINEN Penis! Das hat nichts damit zu tun, ob ich Nischenlösungen nicht akzeptieren würde. Jeder kann für sich seine persönliche Lösung finden und leben. Nur sollte der- bzw. diejenige gesetzlich nicht auf die gleiche Ebene gestellt werden. Einschränken möchte ich allerdings noch, dass ich sehr wohl unterscheide zwischen Mann-zu-Frau und Frau-zu-Mann: bei einer Operation von Mann zu Frau ist das Ergebnis – von einem guten Chirurgen durchgeführt – sehr natürlich. Bei der Umkehrung mit Penisaufbau und Einbau einer Pumpe ist das Ergebnis doch sehr umstritten, so dass ich in diesen Fällen den gesetzlichen Personenstand als Mann nachvollziehen kann. In diesem Fall ist meines Erachtens die Personenstandsänderung ohne Penisaufbau richtig, jedoch nicht die jetzige Regelung für Mann-zu-Frau-Transsexuelle.

What a feeling!

Was sehr Viele interessieren wird: wie ist das Operationsergebnis vom Gefühl? Kann man einen Orgasmus bekommen? Wie fühlt es sich an?

Da die wesentlichen Organe mit allen Komponenten bei der Geschlechtsangleichung erhalten werden, ist das Gefühl beim Berühren der Klitoris vergleichbar der Berührung der Eichel. So kann durch entsprechende Reizung ein klitoraler Orgasmus herbeigeführt werden. Interessant wurde es aber erst richtig bei der Frage, ob ich einen vaginalen Orgasmus empfinden könne. Da ich eine rege Phantasie habe, probierte ich es mit einem Vibrator aus, bevor ich einen Mann dazu „benutzen" würde, zumal man dazu einen sehr einfühlsamen und beherrschten Mann erst finden müsste. Das Ergebnis war überwältigend: ich fand meinen G-Punkt und erlebte ein unbeschreibliches Hochgefühl. Das kann ich allerdings nicht nach Belieben steuern, und diese Erlebnisse sind eher selten. Außerdem gibt es noch eine Besonderheit, die nur wir „Umgebauten" empfinden können: da ich noch meine Prostata habe, kann ich durch geschickte Muskel-Massage durch die Beine und erotischer Phantasie die Prostata so reizen, dass ich zum - zugegebenermaßen nur leichten – Erguss komme; vergleichbar dem männlichen Orgasmus.

Gewisse Vorteile darf man schließlich auch haben, wenn man den ganzen Weg mit all seinen schmerzlichen Erfahrungen gegangen ist!

Trotz der anfänglichen „Kratzbürstigkeiten" habe ich zu Frau Dr. Spehr Zuneigung gefunden. Von Zeit zu Zeit telefoniere ich mit ihr, um mich mit ihr auszutauschen und die eine oder andere Information zu erhalten.

Die gute Bekanntschaft ergab sich auch, weil wir gemeinsame Bekannte haben. Bei einer Einladung erzählte sie, wie sie dazu gekommen ist, Transsexuelle zu operieren. Sie war schließlich Pionier auf diesem Fachgebiet. Sie berichtete, dass seinerzeit in den frühen achtziger Jahren ihr Chef auf sie zu kam und ihr ohne jegliche Vorankündigung sagte, dass sie am nächsten Tag einen solchen Eingriff vornehmen sollte. Daraufhin ging sie erst einmal mit einem Handspiegel auf die Toilette und betrachtete sich das genaue Aussehen am eigenen Körper. Das klang sehr abenteuerlich, aber sie war damit die Chirurgin, deren OP-Methode auch von anderen Chirurgen übernommen wurde. Die Ergebnisse sprechen für sie.

Die Spreu trennt sich vom Weizen
Die „Spreu"

Nach dem kompletten Rollenwechsel zeigte sich dann, welche Freundschaft diese Bezeichnung wirklich verdiente.

Da waren Sigrid und Eckart, mit denen sich nach deren Umzug aus den neuen Ländern nach München eine Freundschaft entwickelt hatte. Wir trafen uns gerne zu allen möglichen Gelegenheiten und fühlten uns in ihrer Gegenwart sehr wohl. Ende des Jahres 2003 stand Eckarts fünfzigster Geburtstag bevor, und wir hatten besprochen, dass ich als „Marilyn" und „Tina" auftreten sollte, weil sie von diesen Rollen sehr begeistert waren. Doch es kam ganz anders!

Eckarts Geburtstag war unter der Woche, und Ilse und ich riefen an, um ihm zu gratulieren und letzte Details mit Sigrid, die den Abend organisierte, zu besprechen. Sigrid sagte dann beiläufig zu mir, dass ich aber schon als „Bruno" kommen müsse. Daraufhin entgegnete ich ihr, dass es Bruno nicht mehr gebe, sondern ich ausschließlich in der Frauenrolle als Beate lebe. Eckart hörte mit und sie meinten dazu, dass das aber nicht gehe; sie befürchteten, dass mein Rollenwechsel dann das Gesprächsthema des ganzen Abends sein würde. Sie hätten die Einladung schließlich an Ilse und *Bruno* verschickt. Daraufhin versuchte ich nochmals, ihnen zu erklären, dass es mich als Mann nicht mehr gibt. Ich sagte ihnen, dass ich als Beate komme oder gar nicht. Dann meinten sie kurz: „dann eben gar nicht".

Sie haben nicht verstanden, dass es für mich unmöglich war, mich noch einmal in die Männerrolle zwängen zu lassen. Sigrid machte dann noch einmal einen Anlauf, mich umzustimmen, was ihr jedoch nie hätte gelingen können. Ich hatte nach so langer Zeit endlich meine richtige Rolle gefunden – das verstand sie nicht. Da Eckart und Sigrid andererseits nicht bereit waren, von ihrer Forderung abzuweichen, mussten sie bei ihrer Feier auf Ilse und mich verzichten. Ihr Programm für den Abend mussten sie damit komplett umgestalten, da ich außer meinen Auftritten auch noch mit dem Akkordeon für Unterhaltung sorgen sollte.

Damit hatte sich diese Freundschaft erledigt, weil sie nicht akzeptieren wollten, dass ich inzwischen eine andere Persönlichkeit geworden war als der „Gaudi-Bursche", der immer für gute Unterhaltung sorgte. Mit ein bisschen

Feingefühl und Toleranz hätten sie das verhindern können. Vergessen war auch, dass Ilse und ich ein paar Monate zuvor extra nach Thüringen mitgefahren waren, um auf der Goldenen Hochzeit seiner Eltern mit dem Akkordeon und diversen Parodien aufzutreten.

Wir sind uns nach Jahren noch ein paar Mal über den Weg gelaufen. Dabei sparte Eckart auch nicht an Komplimenten über mein „tolles" Aussehen. Aber es blieb immer nur bei Höflichkeitsfloskeln, dass wir mal wieder telefonieren und uns treffen sollten. Diese Schritte hätten aber von ihnen kommen müssen, kamen aber nicht. Auch hätte dies die Freundschaft nicht mehr zurückholen können – der Bruch war einfach zu groß.

Dann kam die Prüfung für die Freundschaft zu Achim!

Er war – wie bereits berichtet – immer noch mein engster Vertrauter, obwohl er schon zehn Jahre zuvor nach Hannover gezogen war. Bei Jutta, seiner Frau, hatten Ärzte Brustkrebs im Frühstadium diagnostiziert. Da Achim diesen sehr verharmloste, haben Ilse und ich uns keine großen Gedanken darum gemacht, da wir in der gleichen Phase meine Veränderungen zu bewältigen hatten. Jedenfalls wurden meine Telefonate mit Achim relativ einseitig, und er vertröstete mich auf ein persönliches Gespräch, das laut ihm dann an dem Wochenende der Konfirmationsfeier der Tochter unseres gemeinsamen Freundes Klaus stattfinden könne. Er stand jedoch vor der Feier nicht zur Verfügung, und wir konnten auch schlecht bei der Feier selbst über meine Probleme reden. Ich hätte so dringend einen Freund benötigt, mit dem ich hätte sprechen können.

Als ich ihn dann beim Essen ansprach, wann wir uns zusammensetzen könnten, meinte er ironisch, ich könne ja nachher mit ihm im Zug reden, da er gleich wieder zurück nach Hannover müsse. Das war eindeutig! Er hatte keine Zeit mehr für mich!

Achim sprach immer von Diplomatie gegenüber seiner Frau, meinte wohl aber, dass er eher vor ihr den Schwanz einziehen würde. Ich ging davon aus, dass sie ihm nahe gelegt hatte, den Kontakt mit mir abzubrechen, was dann auch geschah. Es gab nie auch nur den Ansatz einer Aussprache, weil er mir diese nicht gewähren wollte. Über gemeinsame Freunde erfuhren Ilse und ich, dass Jutta uns verübelt hatte, dass wir uns nicht genügend um ihre Leiden gekümmert hätten, und sie deshalb die weitere Freundschaft nicht mehr wünsche. Und Achim hatte sich „diplomatisch" ihr untergeordnet. So viel war ihm meine Freundschaft und Vertrautheit wert!

Vor einigen Wochen haben wir uns dann wieder bei einem Geburtstag meines Freundes Peter im Odenwald getroffen. Ilse und ich hatten beschlossen, unseren Freunden zuliebe uns um normale Konversation mit Achim und Jutta zu bemühen. Wir haben uns dann auch ganz normal unterhalten – zum Beispiel über die Entwicklung unserer Kinder und persönliche Veränderungen. Die Freundschaft aber ist tot, zu tief sind die Gräben.

Die Freundschaft mit Klaus hat meine Veränderung ebenfalls nicht überlebt. Wir hatten uns über Achim vor vielen Jahren kennen gelernt und die Gründung seiner Familie miterlebt. Warum Klaus je heiratete, ist schwer nachvollziehbar. Er hasste Frauen! Dennoch war ihm

Edith eine liebe Frau trotz aller Diskriminierungen, die er über sie ergehen ließ. Wie zum Hohn wurde er Vater zweier Töchter, weil Frauen in seinen Augen dumm und unstrukturiert sind und nicht logisch denken können. Leider verstarb Edith dreißigjährig und hinterließ ihm die beiden Töchter im Alter von fünf und drei Jahren. Da wir im Nachbarort wohnten, trafen wir uns häufiger und unterstützten ihn, soweit es uns möglich war.

Und dann habe ich Klaus fürchterlich vor den Kopf gestoßen, indem ich freiwillig ein Geschöpf werden wollte, das er kategorisch ablehnte. Das war wohl zu viel für ihn. Er sagte es zwar nicht, weil er die Freundschaft nicht gefährden wollte. Als er mich dann bei einem Biergartenbesuch fragte, wie es mir gehe, antwortete ich ihm, dass ich sehr darunter leiden würde, Ilse zu verlieren. Sein zartfühlender Kommentar dazu war nur: „Das hast du doch von vorne herein gewusst". Daraufhin entgegnete ich ihm, dass mir das nicht klar gewesen war, weil Ilse immer zu mir gehalten hatte. Dennoch spürte ich seine Ablehnung und Hilflosigkeit mir gegenüber und sagte ihm dann, dass es wohl besser sei, wenn wir unsere Freundschaft beenden würden, da er mit der Tatsache, in mir eine Frau vor sich zu haben, nicht umgehen könne. Darauf meinte er nur noch zu mir, dass es mir noch leid tun würde, und ich irgendwann keine Freunde mehr um mich haben würde. Doch es ist umgekehrt gekommen. Ich habe inzwischen viele neue Freunde, und er sitzt allein ohne Freunde und Töchter, die er aus dem Haus vertrieben hat, zu Hause.

Dies waren die sogenannten Freundschaften, die meine Veränderung zur Frau nicht überstanden haben, also die Spreu.

Der „Weizen"

Auf der anderen Seite möchte ich aber auch auf die guten Freunde eingehen, die ich schon sehr lange kenne und die mir geblieben sind.

Da ist zunächst mein ältester Freund Peter, den ich schon seit früher Kindheit kenne, und die Freundschaft seit der frühen Jugend währt. Er hatte aber auch, wie viele Männer, das Problem, mit meiner Veränderung klar zu kommen und mich mit dem richtigen Namen anzusprechen, beziehungsweise auch in Gesprächen mit anderen von *ihr* statt von *ihm* zu sprechen. Inzwischen weiß er aber, dass es mit Beate im Grunde nicht anders ist als zuvor mit Bruno.

Als der Vater seiner Frau Birgit seinerzeit von meiner Transsexualität erfuhr, war dessen Kommentar, dass sich „das mit München" dann ja wohl erledigt habe. Birgit machte ihm dann verständlich, dass sie trotzdem zu mir stehen und die Freundschaft mit mir aufrecht erhalten würden.

Als Peter und ich nach einer kleinen Kneipentour wieder einmal in Bierseligkeit waren, gestand er mir: „Egal, ob du der Bruno oder die Bea bist – du wirst immer mein Freund bleiben." Auch wenn dieser Ausdruck eine gewisse Zweideutigkeit zulässt, wollte er dennoch nur ausdrücken, dass, egal ob ich Mann oder Frau bin, immer sein(e) Freund(in) bleiben werde.

Ebenso blieben mir alle anderen alten Freunde erhalten. So hält mir Günter, ein Schulkamerad aus der Handelsschule, und dessen Ehefrau Marion, die ich auch schon über vierzig Jahre kenne, ebenso die Treue wie ein befreundetes Paar, Conny und Heinz-Jürgen, aus dem Stuttgarter Raum.
Von unserer alten EDV-Clique blieben mir Ernst und dessen Frau Maxi mit Kindern. Peter aus Wasserburg aus dem gleichen alten Freundeskreis hat immer mal wieder seine Probleme, mich als Frau wahrzunehmen und zu akzeptieren, wobei er mich überzogen angreift, wenn ich einmal anders reagiere, als er das von seinem alten „Spezl" erwartet. Es fällt mir daraufhin nicht immer leicht, dieses einfach hinzunehmen. Da ich aber ihn, seine Frau Martina und seine Töchter sehr gern habe und schätze, beiße ich die Zähne zusammen und breche nicht die über dreißigjährige Freundschaft. Ich werde ihn in seiner Art, mit mir umzugehen, nicht mehr ändern können. Vielleicht finde ich dabei dennoch Unterstützung durch seine Frau und seine Töchter.

Und dennoch gibt es Unterschiede, wie mich die alten Freunde behandeln. Für die Einen ist es das Selbstverständlichste der Welt, dass ich eine Frau bin, während die Anderen sich manchmal noch schwer tun, den richtigen Geschlechtsartikel zu verwenden. Das ändert jedoch nichts daran, dass sie meine Person und Persönlichkeit akzeptieren, die ich jetzt bin.

Meine eigenen Gefühle und Erfahrungen nach dem Outing

In den letzten Kapiteln ging ich primär darauf ein, wie ICH mit MIR bis hin zur Operation umging und versucht habe, mit den Erkenntnissen und den sich daraus ergebenden Problemen umzugehen. Auf den folgenden Seiten möchte ich erzählen, wie meine Umwelt auf mich und meine Veränderungen reagierte.

Da war zunächst meine Hausärztin, die ich auf psychologische Hilfe ansprach. Sie war die erste Person (nach dem vermeintlichen Freund), der ich mich mit meinem sexuellen Problem anvertraute. Sie fiel aus allen Wolken nach meiner „Beichte" und vermutete, dass physische Mängel die Ursache für meine Transsexualität sein könnten. Auch kannte sie zu diesem Zeitpunkt nicht die Unterschiede zwischen Transsexualität und Transvestismus. Erst in unserem Gespräch machte sie wohl zum ersten Mal mit diesem „Phänomen" Bekanntschaft. Ich suchte einen Psychologen, der mir sagen konnte, ob ich transsexuell oder transvestit – oder vielleicht noch etwas ganz anderes – bin. Im weiteren Verlauf unseres Gesprächs mutmaßte sie über mein zukünftiges Aussehen, das in ihren Augen ihrem eher konservativen Outfit entsprechen sollte. Meine persönlichen Vorstellungen waren davon jedoch meilenweit entfernt: modern, flippig, ein bisschen sexy.
Sie hatte jedoch, wie bereits erwähnt, die zündende Idee mit der Untersuchung des Hormonspiegels, weswegen

ich mich meinem Urologen outete und dieser mich an Professor Kockott vermittelte.

Nachdem ich mir ausreichend Information über Transsexualität und Transvestismus angelesen hatte, damit aber immer noch nicht wusste, was ich bin und wohin mich mein Weg führen wird, nahm ich all meinen Mut zusammen und vertraute mich meiner Frau Ilse an.

Es folgten darauf die emotional schlimmsten Tage und Wochen in meinem Leben. Hin und her gerissen zwischen Gefühl und Vernunft und der Angst vor der Zukunft sowie dem Ungewissen über meine sexuelle Identität haderten wir mit unserem Schicksal!

Unsere Beziehung stand auf des Messers Schneide – aber fast dreißig gemeinsame Jahre schweißen doch zusammen! Letztendlich zeigte sich aber, dass ich keine bessere Partnerin als Ilse finden konnte. Sie hielt und hält auch noch heute zu mir. Unsere Beziehung ist besser als die meisten „normalen" Ehen. Vielleicht ist daran jetzt auch das nicht mehr vorhandene Testosteron schuld, dass wir eine sehr harmonische Verbindung führen. Allerdings gibt mir Ilse immer noch das Gefühl, sich mir – so wie früher ihrem Bruno – unterzuordnen und wichtige Entscheidungen mir zu überlassen. Es ist für sie selbstverständlich, dass bei längerer Fahrt mit dem Wagen ich am Steuer sitze und in Lokalen das Bezahlen übernehme – also das typische Rollenverhalten wie früher. Inzwischen bezahlt sie schon auch mal im Lokal, es kommt sowieso aus einer Kasse. Insgesamt kann ich mich aber sehr glücklich schätzen, einen so wertvollen Menschen an meiner Seite zu haben.

Als ich erste Kontakte zur VIVA hatte, hatte ich noch keine wesentlichen äußerlichen Veränderungen vollzogen. Die Haare waren zwar am Wachsen, aber das war wegen meines musikalischen Engagements nicht ungewöhnlich. Ich wurde von Anfang an in der VIVA mit offenen Armen aufgenommen, und man gab mir das Gefühl, herzlich willkommen zu sein. Ich fieberte jeden Freitag dem gemeinsamen Abend entgegen, da ich mich dort in meine Wunschrolle „verwandeln" konnte. Von Anfang an gaben mir die Anderen das Gefühl, bei ihnen richtig aufgehoben zu sein. Es gab mir ein riesiges Wir-Gefühl, wir hatten alle das gleiche Schicksal und auch unsere bisherigen Wege verliefen im Großen und Ganzen sehr ähnlich. Ich fühlte mich als „Frischling" sehr wohl und erhielt bei unseren Exkursionen in die Kneipe von meinen Mitstreiterinnen die nötige Stärke, mich nicht als Außenseiterin in der Öffentlichkeit zu fühlen.

Es war in den ersten Jahren meiner Mitgliedschaft ein starker Zusammenhalt, der allen sehr gut tat. Dazu trug sicher auch bei, dass die VIVA nun feste Vereinsräume und damit ein Zuhause hatte. Die gemeinsamen Gaststättenbesuche nach den Veranstaltungen stärkten mein Selbstbewusstsein, immer seltener nahmen andere Besucher des Lokals unsere Gegenwart als außergewöhnlich zur Kenntnis. Ich fühlte mich als Frau akzeptiert und immer seltener mitleidig belächelt.

Anders verhielt es sich bei ersten Auftritten ohne die Gruppe in der Öffentlichkeit. Diese waren jedoch sehr selten, weil ich noch nicht allgemein geoutet war und Angst hatte, entdeckt und verraten zu werden.

„Ich lerne laufen!"

Von einer Begebenheit im Sommer 2001 möchte ich besonders berichten. Ich hatte mich mit einer Bekannten aus der VIVA-Gemeinschaft, die den Weg mit mir etwa gleichzeitig begonnen hatte, an einem Samstagabend zum Ausgehen verabredet. Als Frau mit öffentlichen Verkehrsmitteln zu fahren traute ich mich zu diesem Zeitpunkt noch nicht. Also fuhr ich mit meinem Wagen. In Anbetracht dessen durfte ich keinen oder nur wenig Alkohol trinken.

Da bei dem von uns ausgewählten Italiener kein Platz frei war, durften wir noch einen kleinen Prosecco als Aperitif auf Kosten des Hauses an der Theke einnehmen. Zu einer guten Pizza gehörte für mich immer ein schönes Glas Wein – das sollte schon im erlaubten Promille-Rahmen liegen. Die anderen Gäste im Lokal nahmen, zumindest nicht spürbar, von uns keine besondere Kenntnis.

Im weiteren Verlauf des Abends fuhren wir nach Schwabing, um noch ein bisschen Unterhaltung in einem einschlägigen Lokal zu finden, in dem häufiger Transvestiten und Transsexuelle verkehrten. Hier nahm ich nur Nicht-Alkoholisches zu mir.

Zu guter Letzt fuhren wir dann nochmals ins Zentrum, um in einem netten Szene-Lokal den Abend ausklingen zu lassen. Hierbei gönnte ich mir noch ein kleines Bier – den zuvor getrunkenen Alkohol hatte ich sicher längst abgebaut. Meine Bekannte erzählte mir im Lauf des Abends des öfteren, dass sie es toll fände, auf ihrer Heimfahrt zum Chiemsee „so" (als Frau) von einer Polizei-

Streife aufgehalten zu werden, da sie keine alkoholischen Getränke anrührte wegen der längeren Fahrt.

Und was passierte mir?!

Als ich auf meinem Heimweg den Altstadt-Ring entlang fuhr, blendete mich jemand von hinten durch Lichthupe. Zunächst dachte ich, das Aufblitzen käme durch die unebene Fahrbahn. Dann schaute ich in den Rückspiegel und sah mit Schrecken, dass es „Dein Freund und Helfer" mit Stopp-Anzeige war.

Also fuhr ich rechts an den Fahrbahnrand und wurde ganz mutlos und ebenso nervös. Ich öffnete mein Wagenfenster und der Polizist bat mich um Führerschein und Wagenpapiere. In meiner Nervosität war ich total verwirrt, was der Polizist sofort spürte. Er redete ruhig auf mich ein, dass mir nichts passieren würde. Das korrekte Verhalten des Polizisten war doch einigermaßen überraschend und beruhigend – man kannte aus Spielfilmen auch ein anderes Verhalten gegenüber „Männern in Frauenkleidern". Schließlich musste ich ihm als Transvestit erscheinen. Ich war noch relativ auffällig, da ich am Anfang meines Weges stand.

Endlich fand ich meinen Führerschein. Doch vor lauter Nervosität fiel mir mit dem besten Willen nicht sofort ein, wo ich den Kfz-Schein hatte. Er fragte, ob ich der Halter des Wagens sei. Nach meiner Bejahung verzichtete er auf den Kfz-Schein und ging zur Überprüfung des Führerscheins zum Streifenwagen zurück. Danach kam er zurück und gab mir mit einem OK den Führerschein zurück.

Dann doch noch die obligatorische Frage: „Haben Sie Alkohol getrunken?"! Ich erzählte ihm von dem kleinen

Bier, wonach seine Kollegin den Alkomat fertig machte und mir zum Blasen reichte. Zunächst konnte ich wegen meiner Konsterniertheit nicht einmal richtig blasen. Die Sekunden bis zur Ergebnisverkündung dauerten ewig. Doch dann gab die Polizistin Entwarnung, und ich durfte weiterfahren. Nach ein paar hundert Metern fuhr ich auf einen freien Parkplatz, um mich erst einmal zu beruhigen. Ich war fix und fertig – das war also der Ausgang meiner ersten Exkursion in die Stadt außerhalb des Faschings.

Eine bleibende Erinnerung!

Alltagstest für eine Woche

Die nächsten Erfahrungen in der Öffentlichkeit machte ich dann auf Teneriffa, wobei man diese unter dem Aspekt betrachten muss, dass Karneval war. Dennoch war es für mich etwas anderes als der Fasching zu Hause, wo ich nur stundenweise in die Wunschrolle schlüpfte. Diesmal also zum ersten Mal eine ganze Woche Alltagstest in der so sehr erwünschten Rolle! Da ich erstmalig auf den Kanaren war, wusste ich nicht, was mich erwarten würde. Zunächst Check In im Hotel als Mann, dann Umziehen und ab diesem Zeitpunkt sich bis zum Check Out nur als Frau bewegen! Mir war ein bisschen bange wegen der Reaktionen, die mich erwarten würden. Der Bammel war völlig überflüssig! Ich wurde sehr höflich und zuvorkommend vom Personal behandelt, kein Erstaunen oder Belächeln – wie gesagt: sehr freundlich. Ich glaube, dass unser Tischkellner in mir nur die Frau sah, zumindest hat er mich nichts anderes spüren lassen. Er war zu mir genauso charmant und zuvorkommend wie zu Ilse.

Außerhalb des Hotels spürte ich ebenfalls keinerlei Häme oder spöttisches Verhalten. Ob beim Shopping, Bummeln, bei Spaziergängen: nirgends verspürte ich die geringste Ablehnung oder eine abschätzige Behandlung, weder von Einheimischen noch von Touristen. Ebenso war es auch bei Ausflügen mit dem Bus zum Karnevals-Umzug nach Santa Cruz oder den Erkundungen der Insel mit dem Mietwagen. In meiner Situation waren meine Antennen verständlicherweise sehr sensibel eingestellt, dennoch registrierte ich keinerlei Auffälligkeiten bei meiner Umgebung. Es gab keine! Wir konnten einfach nur die Woche in vollen Zügen genießen, besonders auch die Abende auf der Plaza mit toller Latin Rock Musik.

Zum Karnevals-Umzug in Puerto de la Cruz wurde ich jedoch als Karnevals-Transvestit betrachtet, da ich mich faschingsmäßig gekleidet hatte – sehr sexy und aufreizend. Das war wohl der Grund, dass ich in dieser Aufmachung nicht als Frau angenommen wurde, sondern als verkleideter Mann gesehen wurde. Spaß hat es dennoch gemacht!

Wäre nicht die bereits beschriebene dramatische sexuelle Erfahrung mit Ilse gewesen, hätte ich von einem rundum gelungenen einwöchigen Alltagstest berichten können.

Aller Anfang ist schwer!

In meinen Vorstellungen, Frau zu sein, war immer noch das Äußere total im Vordergrund: jung, schön und sexy. Dabei vergaß ich, dass ich keine zwanzig mehr war. Dem-

entsprechend kleidete ich mich zu jugendlich und über-
zog beim Schminken – dennoch fand ich mich sehr
schön. Es blickte mich auch endlich das richtige Gesicht
aus dem Spiegel an, das Gesicht einer Frau. Es ist ein
langsamer Lernprozess, den eine Transsexuelle wohl
durchlaufen muss, sonst würden nicht alle immer wieder
die gleichen Fehler machen. Man durchläuft eine Art
Pubertät im Schnelldurchlauf. Schmink- und Styling-
Workshops im Selbsthilfeverein helfen da auch nur begrenzt, und sie sind nur eine Hilfestellung.

Ich brauchte einfach meine Zeit, die Frau in mir anzu-
nehmen und zu lernen, dass zum Frausein nicht nur Äu-
ßerlichkeiten gehören; die Frau zeigt sich von innen
durch permanente Identifikation mit dem Weiblichen.
Als ich soweit war, die Frau in mir zu erkennen – dies
war im Frühsommer 2001, musste ich entdecken, dass
ich eigentlich gar nichts über Frauen wusste außer den
üblichen Klischees. Ich beobachtete das Verhalten und
die Reaktionen von Frauen genauer und versuchte, die
Verhaltensweisen in mich aufzunehmen. Doch vieles
ergab sich nun auch von allein durch die Einnahme von
Östrogen und dem Zulassen der Frau, dem Entpuppen
zum Schmetterling. Während ich früher bereits schon ein
Sensibelchen war, verstärkte sich die Empfindsamkeit
noch. Ich habe heute sehr „nah ans Wasser gebaut", sei es
aus Trauer, Wut oder Mitleid, aber auch aus Glück, dass
ich es doch noch geschafft habe, eine Frau zu sein.

Das Frausein war für mich bis zum Spätsommer 2002
nur in ganz begrenztem Rahmen vornehmlich in der VI-
VA zu empfinden und zu leben, da ich vor den Söhnen
und der Nachbarschaft noch nicht geoutet war. Auf der

einen Seite spürte ich, dass es für mich immer schwerer wurde, mich mit Männern zu identifizieren, zum anderen durfte ich die Frau in mir noch nicht wirklich zeigen. Verschiedentlich wurde über mich gemunkelt, ob ich eventuell schwul sei, da ich meine Haare färbte und inzwischen schon schulterlang trug – aber sollten die Leute doch reden.

Die Kreise werden weiter gezogen

Nach dem Outing vor meinen Söhnen war ein paar Tage später der nächste Schritt fällig, damit ich mich freier bewegen konnte. Ich ging in der Nachbarschaft – ein Hof mit zwölf Kettenhäusern – von Haus zu Haus und vertraute den Nachbarn, mit denen ich allesamt ein gutes Verhältnis hatte, mein Geheimnis an. Sie sollten sich nicht wundern, wenn sie mich vor dem Haus in Frauenkleidung sehen, und es wäre schön, wenn sie dafür Verständnis aufbringen würden. Die Reaktionen waren überraschend positiv. Die Leute waren beeindruckt über meine Offenheit und meinen Mut, mit meinem Schicksal umzugehen. Manche zeigten darüber hinaus noch großes Interesse, mehr über Transsexualität zu erfahren. Schließlich war es für alle das erste Mal, dass sie einem Transsexuellen bewusst begegneten.
Ich weiß nicht, ob alle, besonders die Männer, die Tatsache wirklich akzeptierten, dennoch nahmen sie mich so an, wie ich inzwischen war. In der Folgezeit kam es immer mal wieder vor, dass einige mich in Frauenkleidern immer noch mit dem männlichen Vornamen anredeten. Dies ist aber verständlich, da wir uns großenteils fünf-

zehn Jahre und länger schon kannten, und den Nachbarn die Umstellung teilweise noch schwer fiel.

Dennoch gab mir mein Bauchgefühl recht: es war wichtig und richtig, die Leute vorab zu informieren, damit sie nicht unerwartet mit der Veränderung konfrontiert werden.

In der Folgezeit begann ich dann, mich im engeren und erweiterten Freundeskreis zu outen. Die Reaktionen waren zwar positiv, aber mancher tat sich schwer zu glauben, dass ich eine Frau werden wollte. Ich musste mich auf Aussagen wie „Du bist doch schon immer ein Macho gewesen; das kann gar nicht sein, dass Du kein Mann bist! Und ich hätte auch gewettet, dass Du die und die ‚geknallt' hast!" damit rechtfertigen, dass dies zur Tarnung meines innersten Geheimnisses geschah.

Ein lieber Freund, der schwul ist und früher auch gerne in „Fummel" los zog, sagte zu mir in seiner Frankfurter Mundart: „Überlesch Dir des gut! Ich hab a immer davo geträumt, mit riesengroße Möps aufzuwache. Aber des Ding do unne, des hätt ich mir um nix in der Welt abschneide lasse." Ich machte im klar, dass das Ganze bei mir etwas anders gelagert sei und die Entscheidung, das „Ding" abschneiden zu lassen, erst dann fallen würde, wenn ich mir hundertprozentig sicher sei, das auch wirklich zu wollen. Und dieses auch durch zwei Gutachter bestätigt sein würde.

Es war ein Spießrutenlaufen, da ich überall näher befragt wurde und ausführlich über meine Beweggründe sprach. Jedoch war es auch gut, dass die Freunde ernsthaftes Interesse zeigten. So wusste ich, dass sie sich mit mir und meinen Problemen auseinander setzten.

Wie ich bereits im Rahmen meiner politischen Aktivitäten berichtete, entschied ich im Vorfeld der Gemeinderatswahl, den erweiterten Vereinsvorstand bei einem kleinen Umtrunk in meinem Partykeller über meine Transsexualität zu informieren. Die Mitglieder reagierten in der Weise bestätigend, dass sie mich relativ weit vorne auf der Wahl-Liste platzierten. Nach der Wahl war ich aber dann froh, dass ich nicht zum Gemeinderat gewählt worden war. Auf Grund meiner persönlichen Veränderung wäre ich leicht angreifbar gewesen, und ich bin überzeugt, dass politische Gegner dies auch ausgenutzt hätten. Ich hätte mich nervlich aufgerieben, zumal mein Nervenkostüm durch meine sonstigen Veränderungen stark angegriffen war.

Die Kreise von Mitbürgern in der Gemeinde, die über mich Bescheid wussten, waren mittlerweile immer weiter gezogen, so dass ich beschloss, mich jetzt in der ganzen Gemeinde zu outen.

Unerwünscht

Ich war bekannt wie ein bunter Hund und – wie manche behaupteten – ein „Hansdampf in allen Gassen". Durch meine offene Art und der Gabe, Akkordeon spielen zu können, war ich in vielen Vereinen vertreten und der „Gaudi-Bursch", der immer und überall dabei sein musste.

Unter anderem war ich in dem Verein „Hoaschdenger Kegelclub" engagiert, dessen Hauptaktivitäten das Herrichten und Aufstellen des Maibaums und das Ausrichten des Heimstettener Straßenfaschings sind. Wie es im

Münchner Umland üblich ist, wird alle fünf Jahre ein neuer Maibaum aufgestellt. Dazu wird der Baum noch unbehandelt circa vier Wochen vor dem 1. Mai in die Gemeinde gefahren. Ab diesem Zeitpunkt wird der Baum „geschöpst", d.h. die Rinde entfernt, der Baum geschliffen, grundiert, bemalt und fertig gemacht. Während dieser Zeit ist er zu bewachen. Damit die Wachtrupps die Abende nicht alleine verbringen müssen, wird an vielen Abenden während dieser Zeit das „Wachlokal" zum Fress- und Saufgelage mit mehreren hundert Gästen; jede der umliegenden Ortschaften will sich dabei profilieren und andere Gemeinden übertreffen.

In diesem Verein dürfen nur Männer Mitglied werden, Frauen sind aber zum Mitarbeiten erlaubt und nehmen ebenso an gemeinsamen Ausflügen teil.

Als ich von meiner Veranlagung erzählte, versuchten die meisten, Toleranz zu heucheln, aber viele Männer in meinem Alter oder älter waren nicht in Lage oder bereit, mich als Frau akzeptieren zu wollen oder zu können, während die jüngeren in der Regel kein Problem sahen, mich weiterhin als Vereinsmitglied zu behalten. Meine „Gegner" konnten allerdings nicht anders, da ihre konservativ ländliche Erziehung und Einstellung eine Akzeptanz nicht zuließ. Für sie war mein Rollenwechsel mit ihrem Weltbild mangels Aufklärung und Desinteresse an etwas Außergewöhnlichem nicht vereinbar – sie konnten nicht über ihren Schatten springen. Ich bedauerte dies sehr und war enttäuscht, da ich mich mit Einigen bis dahin auch befreundet gefühlt hatte.

Junge Männer aus dem Verein hingegen zeigten Verständnis und wollten mich gerne als Mitglied behalten.

Durch den Wandel der Zeit sind diese eben doch aufge-klärter und können besser mit sexuell andersartigen Menschen umgehen. Wenn es nach ihnen gegangen wäre, hätte ich in dem Verein bleiben können, da die Statuten besagten, dass nur Männer Mitglied *werden* dürfen; es steht dort nicht, dass nur Männer Mitglied *sein* dürfen. Also gab es von rechtlicher Seite keinen Grund für einen Vereinsausschluss.

Aber was hätte ich in einem Verein gewollt, in dem ich nicht mehr willkommen war und von vielen nur als Fremdkörper behandelt worden wäre.

Ergo erklärte ich meinen Austritt!

Ein ähnliches Verhalten erwartete mich ebenso in ande-ren Vereinen, da häufig die gleichen älteren Personen dort auch Mitglieder waren. Da war zum Beispiel der „Soldaten- und Veteranen-Verein", dessen Vorstand mir jahrelang nachlief, damit ich als ehemaliger Offizier Mit-glied werden solle. Mein Akkordeon und ich waren eben sehr beliebt. Jetzt wollte man mich möglichst schnell wieder loswerden, was für mich der geringere Schaden war als für den Verein.

Das Maß war besonders voll, als mich ein Vereinsmitglied aus dem Fußball-Förderverein in der Form angriff, dass er es als schlechtes Elternhaus betrachte, wenn mein Sohn es vorzog, in einem anderen ortsansässigen Sport-verein Fußball zu spielen. Er wollte damit ausdrücken, dass ich als Transsexuelle ein schlechtes Elternhaus dar-stelle. Mit solchen Leuten, die ihrer Unsicherheit in Be-zug auf mich in der Art und Weise Ausdruck gaben, wollte ich nicht länger in einem Verein verbleiben. So kündigte ich auch meine Mitgliedschaften beim SV Heimstetten und dessen Förderverein, wo überall die gleichen Leute vertreten waren und das Sagen hatten.

Zum ersten Mal stellten sich Leute wegen meiner Transsexualität gegen mich; manche offen, andere lächelten mich an und redeten hintenherum negativ über mich. Ich hatte ihnen den Gaudiburschen weggenommen, und deshalb waren sie mir böse und wandten sich häufig ab, wenn sie mich sahen. Wenn ich heute zu Veranstaltungen gehe, hat sich dieses Verhalten geändert. Sie wirken wesentlich entspannter und begegnen mir lockerer. Eine Akzeptanz ist dennoch bei vielen noch bei weitem nicht vorhanden. Besonders auch in Frauenrunden zeigen sich einzelne irritiert und grenzen sich von mir ab, obwohl ich den Eindruck hatte, dass sie mit meiner Veränderung umgehen könnten.

Eine spezielle Frauenrunde waren die ehemaligen Vorstandsmitglieder des Schulfördervereins, zu dem auch Ilse als Kassenführerin zählte. Deren Wortführerin Elfi war mir gegenüber von Anbeginn nach meinem Outing feindlich eingestellt; sie meinte wohl, dass ich Ilse so Schlimmes angetan hätte, und sie mit mir nichts mehr zu tun haben wollte. Wir waren zuvor familiär befreundet und hatten manche Fete miteinander gefeiert. Dass ich unter anderem mir viel Mühe mit dem 25-jährigen Jubiläum gemacht hatte, zu dessen tollem Gelingen ich mit vier Auftritten im Laufe des Abends beigetragen hatte, war nun vergessen. Vergessen der ganze Aufwand in der wochenlangen aufwändigen Vorbereitung, Beschaffung von Kostümen und Perücken auf meine Rechnung! Vergessen auch mein Erfolg, den sich der Schulförderverein gerne ans Revers geheftet hatte – ich war nun ihr Feind!

Elfi machte kein Hehl aus ihrer Ablehnung. Der Höhepunkt war jedoch, als die Frauen in ihrer Runde in einem Lokal saßen, das ich auch öfter besuchte. Ich hatte einen Sitzplatz an der Theke und ging an ihren Tisch, um sie zu begrüßen. Daraufhin fuhr mich die Besagte an, was ich wolle: „Dies ist eine Weiber-Runde!". Auf mein Nachfragen, was ich denn sei, kam von ihr nochmals der gleiche Satz. Sie sagte es so, dass ich es nur so verstehen konnte, dass ich in einer Frauenrunde nach ihrem Empfinden nichts zu suchen hätte und mich schleichen solle. Ich war konsterniert von diesem verbalen Ausbruch, dass ich nicht mehr in der Lage war, irgendetwas zu sagen. Ich schaute nur in die anderen Gesichter. Keine schaute mir wirklich in die Augen. Bitter enttäuscht war ich von Ilse, die mittendrin saß und kein Wort verlor.

Keine sagte irgendetwas – Ihre „Chefin" hatte gesprochen! Ich sagte nur noch leise Servus und schlich davon wie ein begossener Pudel.

Als ich später zu Hause mit Ilse darüber sprach, versuchte sie, die Wortführerin zu verteidigen und wollte mir erzählen, dass ich dies falsch verstanden hätte. Sie hätte befürchtet, dass ich mich zu ihnen setzen wolle. Was ich jedoch nicht vorhatte!

Wie sollte ich diese Aussage „Dies ist eine Weiber-Runde!" falsch verstehen? Ich konnte nur daraus interpretieren, dass ich, da ich nach ihrem Empfinden ja kein „Weib" bin, somit in einer Weiberrunde nichts zu suchen hätte. So krass hatte mir bisher niemand gesagt, dass er mich als Frau NICHT akzeptieren wird. Ich war ebenso über die Tatsache sehr enttäuscht, dass keine der Anwesenden irgendeinen Ton gesagt hatte, um das Gesagte abzuschwächen. Darum habe ich auch innerlich mit dem ganzen „Verein" abgeschlossen. Meine Enttäuschung Ilse gegenüber war eine Zeit lang so groß, dass ich überlegte, ob eine Trennung nicht das Beste für uns beide sei. Ich erwartete von ihr, dass sie ihre Freundschaft zu dieser Person beenden möge. Sie antwortete mir nur, dass sie diese lockern würde.

Als sie einige Zeit später mit der gleichen Frauenrunde einschließlich Elfi zu einem Kurz-Urlaub nach Südschweden reiste, und Ilse mir dies erst einen Tag vor der Abreise mitteilte, drehte ich in den nächsten Tagen beinahe durch. Wie konnte sie mir das antun, wie hatte ich das verdient? Dieser Vertrauensbruch schmerzte mich dermaßen, dass ich für mich die schrittweise Trennung beschloss. Als ersten Schritt lies ich Ilses Zugriff auf meine Bank-Konten sperren. Weitere Schritte würden sich ergeben. Ich war so aufgewühlt, dass ich keinen klaren Gedanken mehr fassen konnte. Ich war wie gelähmt. Wie konnte sie nach so langer Zeit mein Vertrauen so missbrauchen? Ging nun wirklich alles in die Brüche, nachdem wir alles gemeinsam so gut überstanden und gemeistert hatten?

Als Ilse nach vier Tagen wieder zurück war, kam es zur Aussprache. Sie versuchte, ihr Verhalten, mir nichts von der Reise erzählt zu haben, zu entschuldigen, weil sie schon im voraus ahnte, mit welcher Enttäuschung ich dies aufnehmen würde. Sie hatte nicht bedacht, dass sie es mit ihrem Stillschweigen wesentlich schlimmer machen würde. Dennoch war ein Bruch da. Meine Gedanken gingen dahin, was passieren würde, wenn ich mich nur noch um mich selbst kümmerte, und sie andererseits sehen müsste, wie sie wirtschaftlich allein zurechtkommen würde. Da ich noch etwa achtzig Prozent des Einkommens verdiente, wäre es für sie sicher eine unerwartete Härte gewesen. An diesen Gedanken kann man erkennen, wie tief der Stachel in mir saß.

Doch die Zeit heilt Wunden! Nach den ersten Tagen der Enttäuschung kam ich zu der Erkenntnis, dass nichts so heiß gegessen wird, wie es gekocht ist. Die Verbitterung und Wut verflog, und ich begann, ihr langsam zu verzeihen. Wir gehörten halt doch zusammen! Die Liebe siegte über den Vertrauensbruch.

Alltag

Nun zurück zum Alltag!

Nachdem ich das Outing in der Firma durchstanden hatte – ich hatte bereits davon berichtet – konnte ich endlich den kompletten Rollenwechsel durchführen.

Endlich konnte ich mich frei als Frau bewegen. Kein Hin- und Herwechseln mehr! Es war ja nicht nur der äußere Kleiderwechsel, der mich belastete, sondern auch der psychische Druck in der Männerrolle. Die Heimlichkeiten hatten ein Ende.

Endlich morgens als Frau aufstehen, als Frau anziehen, als Frau zurecht machen, als Frau aus dem Haus zur S-Bahn gehen, als Frau S-Bahn fahren und den Kontakt mit Bekannten pflegen, als Frau arbeiten, als Frau zur Mittagspause ins Stammlokal oder in Ida's Milchladen, als

Frau abends ausgehen und letztlich als Frau wieder schlafen gehen!

Obwohl es immer mein größter Wunsch war, auch nach außen mich als Frau zeigen zu können, kostete es mich dennoch eine große Überwindung, so in die Öffentlichkeit zu treten. Auch wenn ich mich vom Aussehen verändert hatte – weichere Züge, Gestik, Verhalten – musste ich äußerlich doch immer noch Vielen als verkleideter Mann erscheinen; man ist nicht automatisch eine Frau, wenn man Frauenkleidung trägt.

Hey – was guckst du?

Da war zunächst die Furcht, ausgelacht oder gar angegriffen zu werden. Ich hatte berechtigte Angst vor der Enttäuschung, nicht genauso angenommen zu werden wie zuvor als Mann. Das Verhalten von Bekannten war denn auch – zumindest teilweise – von Verunsicherung geprägt. Da ich auf Grund meiner extrovertierten Art aber schon immer auf Leute zuging und das auch in der neuen Rolle so praktizierte, nahm ich den meisten Unsicheren die Hemmung, so dass wir uns normal unterhalten konnten.

Es gab dennoch Bekannte, die Angst vor Reaktionen Dritter hatten. Manches Mal waren deren Hemmungen so stark, dass es sogar Begleitern von mir auffiel, welche Probleme diese Leute mit mir in meiner neuen Rolle hatten. Denen war es sehr unangenehm, mich zu sehen.

Häufig fuhr ich mit dem Auto zur S-Bahn, so dass ich erst am Bahnhof mit anderen Menschen in Berührung kam. Manchmal traf ich dort Bekannte, mit denen ich mich unterhalten konnte, so dass das Warten auf die Bahn kurzweilig war, und ich selbst auch nicht auf meine Umwelt und deren Reaktion achtete. Das waren für mich in der Anfangsphase die angenehmeren Morgen.

Nicht selten aber stand ich allein am Bahnsteig. Dann beobachtete ich, wie die Leute auf mich reagierten. Die angenehmsten fremden Leute waren die, die sich für mich nicht interessierten, weil sie in mir nichts Außergewöhnliches sahen oder es ihnen egal war.

Die zweite Gruppe waren Leute, häufig Jugendliche, die in Gruppen auf mich schauten und dann über mich lächelten oder sich gar lustig machten. Letzteres empfand ich verständlicherweise als sehr verletzend und wendete mich ab. Es gelang mir aber nur selten, mich darüber nicht zu ärgern, da ich diesbezüglich in dieser Zeit überaus verletzlich und leicht angreifbar war.

Es kamen immer wieder Gedanken auf: das schaffst du nie. Ich hatte Angst davor, nicht als Frau wahrgenommen zu werden, und man in mir einen verkleideten Mann sah. Doch wusste ich auch von vornherein, dass mein Weg nie ein Spaziergang sein würde. Erstens war ich keine zwanzig mehr, wo die Jugend vieles kaschieren würde, zweitens wird mein Körperbau mich immer verraten.

Ich kenne diese Frau nicht!

Zum dritten gab es Bekannte, die mich komplett ignorierten, durch mich hindurch oder vorbei schauten; also Leute, die mit meiner Veränderung nicht klar kamen. Grundsätzlich musste ich mich damit abfinden, da diese Leute eben auch nicht aus ihrer Haut konnten und häufig mit mir nichts mehr anzufangen wussten mangels Aufklärung oder Unverständnis oder Engstirnigkeit.

Bei einem konnte ich das allerdings nicht hinnehmen, dass er mich vor seinen „Spezln" verleugnete – meinem Sohn Alexander, weshalb ich mit ihm ein längeres Vier-Augen-Gespräch führte, bei dem ich ihm klarmachte, dass Ignoranz in unserer gemeinsamen Situation keinen Sinn hat, und er versuchen sollte, den Mut aufzubringen, zu mir auch in der Öffentlichkeit zu stehen. Von da an verhielt er sich mir gegenüber auch im Kreise seiner Freunde „normal" und bekannte sich zu mir.

Orgasmus beim Schuhkauf –
man kann nicht genug davon haben

Mein Arbeitsplatz war in der Nähe der Fußgängerzone, so dass ich häufig nach der Arbeit noch einen Abstecher in Bekleidungs- und Schuhgeschäfte unternahm. Auch hier gab es immer einmal prüfende Blicke von Verkäuferinnen und Kunden. Diese waren meist nur flüchtig. Von den Verkäuferinnen kam wie üblich die Frage, ob sie einem helfen könnten. In der Regel brauchte ich keine Unterstützung, traute mich aber auch andererseits, diese in Anspruch zu nehmen, wenn ich nicht auf Anhieb das fand, was ich suchte. In den Schuh-Geschäften beziehungsweise -Abteilungen lernte ich ein neues Gefühl – eine Art Befriedigung – kennen: dieser Anflug von Orgasmus, den Frauen empfinden, wenn sie sich Schuhe kaufen. Es ist einfach nur „geil"!

Wenn ich mich dann auf den Heimweg machte, traf ich an den S-Bahnhöfen in der Stadt selten Bekannte, mit denen ich mich unterhalten konnte und so diese Ablenkung mir Sicherheit verlieh. So stand ich meist allein am Bahnsteig und wartete auf meine S-Bahn. Mit zunehmender Wartezeit nahm meine Unsicherheit zu. Ich war ständig am prüfen, ob die Umstehenden mich in besonderer Weise in Augenschein nahmen. „Hat mich da Dieser oder Jene in herablassender Art gemustert? Hat da jetzt einer was an mir entdeckt, was mich verraten könnte? Diese und andere Fragen gingen durch meinen Kopf und verstärkten meine Verunsicherung – gerade in der ersten Zeit nach meinem Rollenwechsel. So kam es manchmal, wie es kommen musste: ich fiel auf, weil ich so unsicher war.

Besonders empfindlich empfand ich eine Situation! Ich stand am Ende des Bahnsteigs, als eine Gruppe von Frauen und Männern in der Bahnsteigmitte eintraf. Eine Frau sah mich, musterte mich länger, und auf einmal machte sie die anderen der Gruppe auf mich aufmerksam, und die Gruppe machte ein großes Hallo daraus. Sie hatten wohl noch nie so etwas Exotisches wie mich live gesehen. Über dieses Verhalten ärgerte ich mich sehr, aber was hätte ich machen sollen? Ich wandte mich ab und machte mir klar, dass es solche Leute immer geben wird, und ich mir deshalb ein dickeres Fell zulegen müsse. Aus solchen Erfahrungen lernte ich, dass, je weniger ich andere Leute beobachte, umso weniger werde auch ich in Augenschein genommen. Lieber den Kopf in eine Lektüre stecken und gar nicht mitbekommen, was die anderen machen und reden.

Aber auch diese Erfahrungen musste ich erst erleben, damit ich mich zu der Person entwickeln konnte, die ich heute bin. Man muss wohl erst erfahren, wie man es nicht macht, um es dann richtig machen zu können.

Die Heimfahrten selbst verliefen meist ohne besondere Vorkommnisse. Ich las Zeitung oder ein Buch. Oder ich begegnete im Zug einem Bekannten, mit dem ich mich unterhalten konnte.

Manchmal traf ich mich abends mit Freunden in Lokalen, wo die Gäste mich kannten und so akzeptierten, oder mich gar nicht in Augenschein nahmen. Ich fühlte mich wohl – und nicht beobachtet oder gar begafft. Sehr wichtig war dabei der Schutzschild, den ich durch meine Begleitung erhielt und sehr zu meiner Sicherheit beitrug.

Noch eine Diskriminierung

Von der Arbeitsstelle habe ich noch eine Begebenheit zu berichten. Eine Sekretärin, die nur kurze Zeit für die Firma arbeitete, teilte mir in einem intimen Gespräch mit, dass die Frau des Geschäftsstellenleiters, Sabine, sich schändlich darüber ausgelassen hätte, dass ich die Damen-Toilette benutzte (Zitat: „Wenn sie sich vorstellte, dass ich da meinen (noch vorhandenen) Schwanz da reinhängen würde..“). Hat sie zu Hause bei drei Männern im Haushalt eine separate Damen-Toilette? Das war mir dann doch zu billig, mit ihr dieses Thema zu diskutieren.

Im Großen und Ganzen war ihr allgemeines Verhalten mir gegenüber zunächst reserviert, aber höflich; später ein lockerer kollegialer und auch persönlicher, vertrauter Ton. Auch konnte ich nicht ganz sicher sein, dass diese

Aussage von der Sekretärin nicht erfunden war, da sie keine gute Beziehung zu Sabine hatte und sie ihr unter Umständen auf diese Weise eins auswischen wollte.

Dann wieder ein dickes Kompliment, das eigentlich ein Versehen war

Dazu fällt mir eine Anekdote ein, die sich einige Jahre später zugetragen hatte, und die ich an dieser Stelle erzählen möchte: Ich erzählte Sabine in einer Pause beiläufig, dass ich einen eineinhalb Jahre älteren Bruder habe und als Kind nie die Kleidung anziehen wollte, die noch gepflegt und gut war, aber aus der er herausgewachsen war. Daraufhin sagte sie zu mir etwas geistesabwesend, dass sie das auch verstehe – er (mein Bruder) war ja auch ein Junge! Als ich sie daraufhin prüfend anschaute, dauerte es eine Weile, bis sie begriff, was sie da eben losgelassen hatte. Dann entgegnete sie, dass ich für sie schon so sehr Frau sei und diese Gedankengänge ihr deshalb auch gar nicht auffielen. Ich fasste das dann auch als großes Kompliment auf, dass ich doch so authentisch auf sie wirkte.

Selbstfindung

Je mehr ich herausfand, welcher Stil zu mir passt, umso weniger wurde ich von mir unbekannten Menschen gemustert. Ich hatte meinen Stil bei der Bekleidung gefunden, der bis zu einem gewissen Grad jugendlich, aber nicht auffällig war, wobei ich aber schon immer kräftige

Farben liebte. Beim Schminken begann ich, eher bräunliche Töne zu verwenden statt blauem oder grünem Lidschatten; ferner dezente Betonung der Augen mit Mascara, aber keinem Lidstrich. Bei flüchtiger Begegnung war ich für die Menschen, die mir über den Weg liefen, eine Frau.

Es war und ist immer noch zu beobachten, dass die meisten Männer auch bei längerem Hinsehen und oberflächlichem Small Talk in mir nichts anderes als eine Frau sehen, während doch viele Frauen mich zwar als Frau betrachten, aber doch mit ihren in der Regel feineren Antennen spüren, dass ich nicht immer eine Frau gewesen bin; sei es durch die Stimme, die Hände oder den Körperbau. Frauen schauen in dieser Beziehung genauer hin und beobachten besser als Männer, deren Interessen häufig anders gelagert sind. Eine Frau beobachten sie nur dann genau, wenn sie ein persönliches Interesse an ihr haben.

11.   Ich fühl mich sehr wohl jetzt in meiner Haut,

das hätt' ich mir anfangs nicht zugetraut

vor Euch steht nun heut' eine glückliche Frau;

ich bin angekommen, das weiß ich genau.

Zunächst noch der harte Weg in der Arbeitswelt

Da das Arbeiten im Home Office aus technischen Gründen nicht möglich war, war ich quasi „gezwungen", weiter in der Firma zu arbeiten. Einige Tage hielt ich mich auch an die von der Firma vorgegebene Vorschrift, nur in Hosen in der Arbeit zu erscheinen – so unsinnig diese Vorschrift auch war und kranken rückständigen Gehirnen entsprungen gewesen war. Ich sagte mir dann, dass ich mir von diesen Herren nicht so weit meine persönlichen Freiheiten beschränken lasse. Es ist allein meine Sache, was ich anziehe, solange ich damit niemanden provoziere. Meine Kleidung war weder aufreizend noch schmuddelig und jederzeit einem Kundenbesuch auch entsprechend.

Nach Monaten machte mir auf einmal der Geschäftsstellenleiter, Herr Z., in anderem Zusammenhang Vorwürfe, ich würde mich an keine Abmachungen halten und einfach im Rock erscheinen. Daran erkannte ich, welch rückständige Denkweise noch in ihm ablief und die „Kleiderordnung" wohl auch von ihm ausging und nicht – wie zunächst vermutet – vom Hauptgeschäftsführer. Da meine Position auf Grund meiner Tätigkeit immer noch sehr stark war, erlaubte ich mir, ihm zu sagen, dass mich diese Kleiderordnung nicht jucke, und ich mir diesbezüglich keine Vorschriften machen lasse. Wenn es je zuvor so etwas wie gegenseitige Sympathien zwischen uns gegeben haben sollte, waren die spätestens ab diesem Zeitpunkt verspielt.

Aus meiner Sicht war aber das Kind längst in den Brunnen gefallen, als man nämlich von Firmenseite versucht hatte, mich durch Home Office wegzusperren, mir Vorschriften machen wollte, was ich anziehen darf, das Ausnutzen meiner Situation durch Heruntersetzung meines Stundensatzes um zehn Euro und das Verbieten von Kundenkontakten. Auch wenn sie außer der Herabsetzung des Stundensatzes keine ihrer „Vorschriften" durchsetzen konnten!

Anzumerken ist jedoch, dass ab dem Coming Out systematisch versucht wurde, meine Position zu schwächen und meine Leistung bei der Firmenleitung herab zu setzen. Auf Grund des Bewusstseins über meine wichtige Position für die Firma passte ich Zug um Zug meinen Stundensatz im Laufe von zwei Jahren wieder an. Deshalb bekam ich auch immer wieder Vorwürfe, ich sei zu teuer. Im Grunde korrigierte ich jedoch nur das ungerechte Verhalten und Ausnutzen meiner persönlichen Situation.

Ein Silberstreif am Horizont – oder ein Strohfeuer?

Neue Geschäftsführer brachten zwei Jahre nach meiner OP frischen Wind in die Firma, und ich schöpfte Hoffnung, dass endlich das Mobbing des Geschäftsstellenleiters gegen mich bei der Geschäftsleitung ein Ende haben werde. Da sie die unstrukturierte Arbeit von Herrn Z. durchschauten, wurde eine Umstrukturierung der Münchner Geschäftsstelle beschlossen, die Herrn Z. der Leitungsfunktion enthob und ihn zum Außendienstmitarbeiter herabstufte. Da bei der Geschäftsleitung inzwischen bekannt war, dass ich unter dem chaotischen Arbeiten sehr litt und eine kollegiale Zusammenarbeit mit Herrn Z. nicht mehr möglich war, wurden wir Programmierer direkt der Firmenleitung in Norddeutschland unterstellt. Herr Z. war angehalten, bei irgendwelchen Anforderungen den Dienstweg über den Programmierleiter zu gehen. Leider fehlte dem geschäftsführenden Programmierleiter die Erfahrung, diese Anordnung auch durchzusetzen, so dass Herr Z. Zug um Zug sich wieder in seine alte Position zurück manövrieren konnte. Ich mahnte immer wieder beim Programmierleiter an, gegen die Eigenmächtigkeiten von Herrn Z. vorzugehen, bekam aber nicht mal eine Antwort auf meine Emails. Auch meine Versuche, ihn telefonisch zu sprechen, schlugen fehl.

Es war für mich eine aufreibende Phase, so dass ich auch im Spätherbst 2006 für sechs Wochen auf Kur ging, um mein inneres Gleichgewicht wieder zu erlangen. Da die Klinikleitung mit Umstrukturierung beschäftigt war, die Klink unterbesetzt war und immer wieder Therapeuten wegen Überbelastung ausfielen, war die Kur „für die Katz". Es waren lediglich sechs Wochen Erholung, die mir wenigstens einigen Abstand von der Firma verschaffte.

Doch war die Erholung nur von kurzer Dauer, und ich war wieder im alten Fahrwasser, denn an der Arbeitsweise und dem Verhalten von Herrn Z. hatte sich nichts geändert. Im Gegenteil!

Während meiner Kur hatte er einen neuen Mitarbeiter für den Bereich der Web-Programmierung einstellen dürfen und damit seine Machtposition wieder um ein Stück gestärkt. Obwohl ich mit diesem Mitarbeiter eng zusammenarbeiten musste, beschäftigte ihn Herr Z. permanent mit Aufgaben über meinen Kopf hinweg; häufig bekam ich gar nicht mit, was der Neue machte. Aber diesem wurde auch nie von der Geschäftsleitung die Rollenverteilung klar gemacht. Für ihn war Herr Z. der Chef. Was sollte ich als freie Mitarbeiterin dagegen tun, nachdem ich keine Unterstützung von der Firmenleitung erhielt, die neue Struktur durchzusetzen. Ich regte mehrfach an, mich zu eingehenden Gesprächen über die schlechte Organisation im Münchner Umfeld in die Zentrale einzuladen. Doch während Herr Z. alle paar Wochen nach Norddeutschland flog, wurde ich nie eingeladen. Meine Meinung interessierte wohl nicht!

Nach sehr aufreibenden eineinhalb Jahren hatte sich die Firmenleitung wiederum umstrukturiert und die Nebengeschäftsführer zurückgestuft, oder sie waren ausgeschieden, so dass Herr Z. wieder zu neuen Ehren kam. Es ist allerdings unverständlich, warum Herr Z. bei so mangelhafter Arbeit immer wieder das Wohlwollen der Geschäftsleitung erringen konnte. Er wurde jedenfalls wieder Geschäftsstellenleiter Reisekosten, und ich ihm wieder unterstellt – ich hatte also jahrelangen Stress für nichts. Eine tiefe Enttäuschung machte sich in mir breit, und mir wurde spätestens ab diesem Zeitpunkt klar, dass ich in dieser Firma nie mehr die Wertschätzung erhalten würde, die mir zugestanden hätte.

Ein neues System –
endlich die Chance, mich loswerden zu können

Es war einmal mehr die Bestätigung dafür, dass man mich am liebsten loswerden würde, wenn man könnte. Es wurde beschlossen, ein neues Reisekosten-System – ohne meine Beteiligung – zu entwickeln, das das von mir entwickelte System auf der Basis des neuesten ERP-Systems ersetzen würde. Und dann bräuchte man mich nicht mehr!

Durch meine persönliche Veränderung war ich noch nicht so weit, mir neue Auftraggeber oder Arbeitgeber zu suchen, und hoffte, dass die Betreuung des Systems mich noch bis zu meinem Ruhestand ernähren möge. So machte ich auch noch einmal einen Versuch, meine Position wieder zu stärken, zumal der Einsatz des neuen Systems noch in weiter Ferne lag, wenn es jemals fertig werden würde, da der freiberufliche Entwickler auch ständig Differenzen mit dem Hauptgeschäftsführer hatte.

Als ich einen zweitägigen Termin in der Nähe des Firmensitzes hatte, vereinbarte ich ein Meeting mit dem Firmenchef für den folgenden Tag. Ich machte ihm in diesem Gespräch klar, wie chaotisch die Arbeitweise in München ablief und wo die Mängel waren. Bisher wurde ihm von Herrn Z. immer berichtet, dass die Programmierung so teuer sei. Dass die Ursache viel mehr an der Arbeitsweise von Herrn Z. lag und dieser außerdem nur Kosten verursachte, war ihm bisher so nicht klar gewesen. Ferner war bei diesen Gesprächen teilweise die neue „rechte Hand" des Geschäftsführers, Herr H., anwesend. Dieser Herr war auch ganz verblüfft ob dieser Arbeitsweise. Der Firmenchef machte auf mich einen sehr konsternierten Eindruck, und er versprach mir, die Missstände abzustellen und sich in Zukunft mehr um die Münchner Geschäftsstelle zu kümmern. Und ich hoffte auf den neuen Assistenten der Geschäftsleitung, Herrn H., der mir zu diesem Zeitpunkt einen sehr vernünftigen Eindruck machte und mir wohl gesonnen erschien. Auch war er spürbar kein Freund von Herrn Z. und dessen Arbeitsweise und Heimlichtuereien.

Die Aussagen der Geschäftsleitung waren leider nur Lippenbekenntnisse!

Herr H. teilte mir mit, dass die Münchner Geschäftsstelle geschlossen werden solle, weil sie viel zu teuer war. Es sei nicht notwendig, diese zu erhalten. Herr Z. solle Vertrieb machen und sei damit sowieso unterwegs. Der noch relativ neue Mitarbeiter sollte in Ruhestand geschickt werden. Ein anderer Entwickler und ich sollten im Home Office arbeiten. Damit sei der Laden überflüssig. Mit dieser Argumentation wurde ich gedrängt, zu Hause zu arbeiten. Heute weiß ich, dass das ganze wohl eine Inszenierung war, mich loszuwerden, sobald das neue System verfügbar sei.

Noch einmal Hoffnung

Es keimte dann doch noch einmal Hoffnung: Das neue System wurde und wurde nicht fertig, und der Firmenchef fühlte sich von dem Entwickler des neuen Systems schlecht bedient. Deshalb fragte er mich, ob und in welcher Zeit ich das bestehende System auf die neue Plattform hochziehen könne. Meine Aufwandsschätzung sagte ihm zu, und er beauftragte mich mit der Umstellung der Software. Jetzt kam auf einmal mein Konkurrent wieder auf den Plan und versuchte, die bestehende Software schlecht zu reden.

Ich hatte in Rekordzeit das „Alt-System" umgestellt und der Firmenchef, Herr. J. entschied, dass dieses nun einzusetzen sei, weil das neue System noch sehr fehlerbehaftet war.

Und dann – oh Wunder!

Auf einmal kamen wieder neue Anweisungen. Es wurde plötzlich intensiv an der neuen Software gearbeitet, damit sie einsatzfähig werden würde. Herr J. hatte wohl erreicht, was er erreichen wollte: er hatte mich benutzt, um den Neuentwickler unter Druck zu setzen. Die von mir umgestellte Version wurde eingefroren und angeordnet, dass an der bei über einhundert Kunden eingesetzten Version nur noch notwendigste Korrekturen durchgeführt werden.

Letztendlich lief alles darauf hinaus, dass aus Sparmaßnahmen – der Firma ging es nicht so gut – in Zukunft jede noch so kleine Programmiertätigkeit von der Geschäftsleitung genehmigt werden musste, bevor sie umgesetzt werden durfte. Dies galt selbst für von Kunden bezahlte Erweiterungen.

Dann gab es noch einmal neue Vertragsverhandlungen, da ich eine höhere Planungssicherheit haben wollte. Ich wurde zu diesen zur Firmenleitung nach Norddeutschland beordert. Doch anstatt eines vernünftigen Angebots waren diese allesamt unseriös und nicht akzeptabel. So behandelt man also heute Mitarbeiter, die einem über einen langen Zeitraum treu waren und gute Arbeit abgeliefert hatten. Und so vereinbarten wir, zu den bisherigen Konditionen zunächst weiter zu arbeiten.

Jetzt reicht's!

Auf einmal wurden Arbeitszeiten für Berater- und Kundenbetreuung an mich teilweise nicht bezahlt, weil sie nicht vorher beantragt wurden. Wie kann man da eine vernünftige Problem-Bearbeitung gewährleisten. Ich hielt diese Arbeitsweise nicht mehr aus und ärgerte mich sehr über die Art und Weise, wie meine Abrechnungen behandelt wurden. Das i-Tüpfelchen war, dass eine Berufsanfängerin meine Abrechnungen kontrollieren durfte, und sie bestimmte, welche Arbeit bezahlt wird.

Dazu war ich mir zu schade, diese Schikane weiter ertragen zu müssen! Und so zog ich meine Konsequenzen und trennte mich von meinem langjährigen Auftraggeber, bevor ich Gefahr lief, mein Gesicht und alle Achtung vor mir selbst zu verlieren. Ich wollte noch in einen Spiegel sehen können.
Ich war sehr optimistisch, schnell wieder eine neue Geschäftsbeziehung zu bekommen. Das war jedoch ein Irrtum. Ich suchte ein dreiviertel Jahr, bis ich eine Chance bekam. Nachdem ich eine Zeitlang mich erfolglos immer wieder beworben hatte und Absagen bekam, weil ich zu alt und – vielleicht auch – weil ich eine Frau bin, war ich schier am verzweifeln und überlegte, was ich außer Programmierung noch machen könnte. Ich ließ mich sogar bei der Agentur für Arbeit eintragen als Arbeitssuchende für eine Position als Bürokauffrau oder ähnlichem.

Werde ich die singende Wirtin?

Parallel erkundigte ich mich, ob es nicht eine passende Kneipe gebe, in der ich auch selbst auftreten und ab und zu Akkordeon spielen würde, sowie jungen unbekannten Musikern eine Plattform geben könnte. Da ich in der Gastronomie aufgewachsen bin, war dies schon sehr lange ein Traum von mir, den ich mangels Angeboten in meinem Beruf nun umsetzen wollte. Dass ich damit nicht so viel verdienen würde wie in der Programmierung war mir klar, da ich nur ein kleines Bistro eröffnen wollte. Ich hätte einen Sechzehn-Stunden-Arbeitstag bei sieben Tagen die Woche (zumindest in der Anfangszeit), aber es wäre für mich die Umsetzung eines Wunschtraums gewesen, und ich hätte damit sehr viel Freude gehabt, so dass mir die Arbeit keine Plage gewesen wäre. Stress hätte mir nur das Ausbleiben von Gästen beschert.

Ich erfuhr, dass ein ehemaliges Frauenlokal in sehr interessanter Lage geschlossen hatte. So ging ich eines Nachmittags zu der Location, um mir von außen ein Bild zu machen. Zufällig war der Besitzer anwesend, mit dem ich mich sehr angeregt unterhielt. Er teilte mir mit, dass der Laden leider schon so gut wie vergeben sei, ich solle ihm aber meine Telefonnummer geben. Ich war zu spät gekommen und traurig, denn der Mietpreis wäre sehr fair gewesen, und die Größe hat meinen Vorstellungen entsprochen.

Außerdem hatte ich mich über das Internet schlau gemacht, ob interessante Objekte zu finden seien, die bezahlbar waren. Je tiefer ich jedoch in die Materie einstieg, umso ernüchternder war die Erkenntnis, dass es heutzutage sehr schwer ist, ein finanzierbares Objekt zu finden, das auch über die entsprechende Lage verfügt. Ohne eine gute Lage braucht man erst gar nicht aufzumachen, wenn man noch keinen Namen hat und sich diesen erst erarbeiten muss. Der Traum war endgültig geplatzt.

Nüchtern betrachtet

Zum Aufbau einer künstlerischen Karriere fühlte ich mich mittlerweile zu alt. Der eine oder andere Auftritt ist ganz schön, aber damit könnte ich meinen Lebensunterhalt nicht bestreiten. Zumal ich noch finanzielle Verpflichtungen hatte, da ich auf Empfehlung eines Freundes in einer falschen Stadt in ein falsches Objekt ohne Zukunft investiert hatte. So versuchte ich weiter mein Glück in meinem langjährigen Beruf. Die lange Zeit ohne Einkommen ging bei mir mittlerweile ganz schön an die Substanz, das „Eingemachte" schmolz dahin. Meine Psyche war schwer angegriffen.
Und dann kam eines Tages doch eine Anfrage, auf die mein Beraterprofil passte. Ich hatte schon fast nicht mehr geglaubt, dass ich in der IT-Arbeitswelt benötigt werden könnte. Doch innerhalb von zwei Tagen hatte ich den Job; zwar nur eine vorübergehende Tätigkeit, die zunächst nur maximal drei Monate laufen sollte, die sich dann aber doch auf sechs Monate erweiterte.
Ich hatte den Wiedereinstieg geschafft! Und weitere Projekte sollten folgen.

Neue Personen treten im mein Leben

Hetze gegen die Homo-Ehe vom späteren Papst

Wie geht die katholische Kirche bzw. deren Vertreter mit Transsexualität um?

Ein dreiviertel Jahr vor meinem kompletten Rollenwechsel las ich in der Süddeutschen Zeitung einen Artikel, in dem von der Hetze gegen die so genannte Homo-Ehe berichtet wurde. Ich musste mich zwar nicht selbst angesprochen fühlen, da ich niemals homosexuell war. Dennoch brachten mich dieser und der zugehörige Kommentar zu der Überlegung, dass ich als Transsexuelle in der katholischen Kirche wohl nie akzeptiert werden könnte, wenn diese schon Probleme hat, die Homosexualität zu akzeptieren. Ich sah keine Heimat mehr in dieser Kirche und formulierte meinen Austritt. Obwohl ich damit meiner sehr alten Mutter sehr wehgetan hätte, konnte ich ein solches Verhalten der Kirche für mich nicht hinnehmen.

Da ich den Austritt aber an meine Kirchengemeinde anstatt – wie vorgeschrieben – an die Gemeinde sandte, bekam ich über meinen älteren Sohn, der in der Pfarrjugend aktiv war, die Bitte überbracht, ob ich zu einem persönlichen Gespräch mit dem Pfarrer, Werner K., bereit sei. Um meinen Standpunkt noch einmal offen auszusprechen, sagte ich einem Termin zu.

Der Zufall wollte, dass ich zu dem Termin von einem Brunch am selben Tag, zu dem ich in Frauenkleidung erschien, zur Besprechung mit dem Pfarrer ging. Wir kannten uns noch nicht, da er einerseits erst seit kurzem in der Gemeinde wirkte, und zum anderen ich meinen

Glauben nicht praktizierte und nur selten zum Gottes-
dienst erschien.

Der ist ja ganz nett ...

Wir begegneten uns von Beginn an sehr offen. Er behandelte mich von Anbeginn als Frau, was mich angenehm
überraschte. Ich dachte mir, dass er mir eine gewisse
Reserviertheit entgegen bringen würde, da seine „Chefs
in Rom" mit sexuell nicht „normalen" Menschen Probleme hatten, und ich zum Gespräch wegen meines Austritts
aus der Kirche anwesend war. Ich erklärte ihm, dass ich
gläubig und der Kirche gegenüber sehr offen sei, aber auf
Grund dieser Hetze ich mich nicht mehr zu der katholischen Kirche zugehörig fühlen könne. Er seinerseits versuchte, mir den Standpunkt der Kirchengemeinden näher
zu bringen, die sehr unter solchem Aktionismus litten.
Letztendlich seien die Pfarreien und nicht Rom die Leid-
tragenden, wenn Leute aus der Kirche austreten. Zum
einen verliere die Gemeinde kritische Gläubige, zum anderen hätte sie auch den materiellen Schaden wegen Aus-
fall der Kirchensteuer.
Er fragte mich, ob ich bereit sei, mein Austritts-Schreiben
auch an den Bischof zu senden, damit auch weiter oben
die kritischen Kommentare ankämen. Da mir die Angele-
genheit an sich sehr wichtig war, sagte ich zu und sandte
das Schreiben leicht abgewandelt an das Bischöfliche
Ordinariat. Wir verblieben, dass wir uns wieder unterhalten würden, wenn ich eine Antwort erhalten hatte.
Die Antwort war jedoch sehr enttäuschend. Sie bestand
nur aus vorformulierten Phrasen, die wohl an alle homo-

sexuellen Gläubigen versandt wurden. Ich unterhielt mich darüber mit dem Pfarrer und dieser bestätigte mir, dass das leider die übliche Art und Weise war, wie solche Schreiben vom Ordinariat behandelt wurden, er selbst dies aber nicht für gut heißen könne. Mittlerweile hatte sich eine Sympathie zwischen uns breitgemacht und der Wunsch nach einem Austritt war bereits abgeschwächt. Werner sah und sieht seine Berufung in großem Maße in der Seelsorge. Er ging von Anfang auch auf meine Transsexualität mit sehr viel Verständnis und Feingefühl ein und sprach mir viel Hoffnung zu.

Damit ergab sich sehr schnell eine gegenseitige Vertrautheit, die sich rasch zur Freundschaft entwickelte. Ich hätte nie gedacht, dass ich mit meiner persönlichen Geschichte einen so verständnisvollen katholischen Pfarrer treffen könnte. Von da an erfolgten immer mal wieder gegenseitige Einladungen oder wir trafen uns zum Essen, zu denen auch Ilse mit einbezogen wurde. Es entwickelte sich eine Freundschaft, die ich vor dem Kennenlernen nicht erwartet hätte.

Wenn ich in der Arbeit wieder einmal massive Probleme hatte, konnte ich bei ihm Hilfe und Trost finden. Er wusste immer einen guten Ratschlag und machte mir Hoffnung auf eine bessere Zukunft. Er bestärkte mich in meinem Kampf ums Überleben in der Firma trotz aller Widrigkeiten und Schikane von Seiten der Firma. Auch in meiner Beziehung zu Ilse unterstützte er mich und versuchte, wenn ich wieder einmal wegen irgendwelcher Enttäuschungen am Boden war, mich aufzurichten und bestärkte mich, zu ihr zu halten. Er hatte sehr schnell auch zu Ilse einen persönlichen Kontakt gefunden und sie zu schätzen und richtig einzuschätzen gelernt.

Wir fühlen uns sehr wohl, wenn wir uns zusammenfinden, weil wir in vielen Dingen ähnliche Ansichten haben und immer eine angeregte Unterhaltung stattfindet. Ebenso teilt er mit Ilse und mir die Vorliebe für ein gutes Essen und einen guten Wein. Und es wird regelmäßig später, als wir vorher geplant haben.

Durch ihn wurde mein Glaube wieder bestärkt, den ich schon verloren glaubte. Dennoch wurde ich keine praktizierende Katholikin, was mir auch einmal von einer Frau aus dem Kirchenvorstand vorgehalten wurde. Meine Kirchenbesuche beschränken sich im Allgemeinen auf Weihnachten und auf besondere Anlässe. Mein Glaube an ein Weiterleben hat aber auch einen gewissen Selbstzweck. So glaube und hoffe ich, dass ich bei einem Weiterleben oder einer Wiederkehr die Jahre als junges Mädchen und junge Frau noch erleben darf, die ich in meinem jetzigen Leben nicht erleben durfte.

Zu meiner Freundschaft mit Werner fällt mir noch folgende Anekdote ein:

Wir hatten uns zu einer gemütlichen Runde zum Enten-Essen beim Wirt in meiner früheren Heimatgemeinde mit zwölf Personen zusammen gefunden. Neben meiner Familie waren noch schwule Freunde und auch ein Lesbenpaar anwesend. Gleichzeitig fand im Nebenzimmer die Jahresversammlung des Vereins statt, der mich seinerzeit loswerden wollte. Da die Mitglieder zur Toilette in der Nähe unseres Tisches vorbeigehen mussten, konnten sie uns nicht übersehen. Und so saß also „ihr" Herr Pfarrer in unserer Mitte und amüsierte sich mit uns. Es war mir ein innerer Parteitag, wie sie sich verpflichtet fühlten, ihn zu begrüßen und zur Kenntnis nehmen mussten, dass er mit mir private Kontakte pflegt.

Michico

Ich hatte Frau Dr. Spehr beiläufig erzählt, dass ich Yoga machte und für Esoterik aufgeschlossen war. Daraufhin sagte sie mir, dass sie mir – wenn ich Interesse hätte – eine Heilpraktikerin mit schamanischem Background, Frau F. in die Klinik bestellen würde, da deren Behandlungserfolge nach einer so großen Operation phänomenal seien. So lernte ich wenige Tage nach der Operation Michico kennen.

Als sich die Tür öffnete und eine zierliche schwarzhaarige Frau hereinschaute, spürte ich sofort deren Energie zu mir fließen. Es umfing mich von Anfang an eine positive Aura. Sie stellte sich vor, und wir sprachen von meinem Befinden und sie begann ihre Behandlung. Fortan besuchte sie mich täglich während meines Klinik-Aufenthaltes. Ihre Behandlungsmethode wirkte wirklich sehr erleichternd und überaus positiv auf mein Befinden.

Sie wurde über Jahre meine Therapeutin, mit der ich auch über psychische Probleme reden konnte. Und sie wurde meine Freundin. Da sie sehr viel arbeitete, verbanden wir manchmal eine Therapiestunde mit einem gemeinsamen Frühstück, zu dem ich frische Brötchen und allerlei Leckereien, die sie als Vegetarierin mochte, mitbrachte. Wir verstanden uns sehr gut und hatten ein großes Vertrauen zueinander. Und so passierte etwas,

was nicht hätte passieren dürfen. Ich verliebte mich in sie!

Ich war mir zu diesem Zeitpunkt auch noch sicher, dass ich lesbisch sei. Nur war das Verlieben für mich sehr unglücklich, da Michico heterosexuell ist. Weil ich dies wusste, versuchte ich meine Gefühle ihr nicht zu zeigen; soweit ich diese überhaupt vor ihr verbergen konnte. Sie war sehr attraktiv und – wie nicht anders zu erwarten – in Beziehung. Zu dieser Zeit war sie mit einem netten gut aussehenden Italiener liiert, den sie auf einer Party in meinem Partykeller mir vorstellte. Ich fand ihn sympathisch und spürte nur geringe Eifersucht auf ihn.

Dies änderte sich jedoch, als sie sich von ihm getrennt und einen Managertypen kennen gelernt hatte, der sie für sich voll und ganz in Anspruch nehmen wollte, ja sogar von ihr erwartete, dass sie ihren Beruf für ihn aufgeben möge. Er übte auf sie meines Erachtens einen schlechten Einfluss aus. Und meine Eifersucht auf ihn wurde immer stärker, weil ich bei Michico den seelischen Druck spürte. Einmal war ich mit ihr in einem Salsa-Konzert, auf das wir uns beide sehr gefreut hatten. Sie musste jedoch gleich nach der Vorstellung nach Hause, weil er schon zuvor Terror gemacht hatte, weil sie mit einer anderen Person als ihm ausgegangen ist. Logischerweise war ich sehr enttäuscht, dass wir den Abend nicht noch mit einem Glas Wein beenden konnten.

Ein anderes Mal verabredeten wir uns lose im Olympiapark zum „Sommernachtstraum", einem Riesenfeuerwerk mit musikalischer Begleitung. Die Veranstaltung begann bereits am Nachmittag mit entsprechendem musikalischem Vorprogramm. Auf meine Frage, wann und wo wir uns treffen wollten – der Olympiapark ist weitläufig, antwortete sie mir: wir werden uns am Nachmittag schon irgendwo, wo etwas los ist, treffen. Ich überlegte, wo sie wohl sein könnte. Dann drehte ich mich um, und sie stand plötzlich vor mir. Da war sie wieder, die positive Energie, die uns verband! Leider war an ihrer Seite ihr Lebensabschnittsgefährte und sie stellte uns gegenseitig vor, da wir uns noch nicht kannten. Ich konnte jedoch keinerlei Sympathie für ihren Freund empfinden; auch gefiel er mir als Mann überhaupt nicht. Er passte überhaupt nicht zu Michico. War es die Eifersucht in mir? Ich glaube nicht – ich spürte sofort, dass er für Michico der Falsche war.

Nach diesen Erfahrungen, der Eifersucht und dem Wissen meiner unglücklichen Verliebtheit erreichte mich Michico bei den Therapiestunden immer weniger. Sie war inzwischen mit der Praxis und Wohnung in die unmittelbare Nähe seiner Wohnung umgezogen. Vor allen Dingen behagte mir die neue Umgebung überhaupt nicht mehr, so dass ich letztendlich keine Therapien mehr bei ihr buchte.

Und so verloren wir uns – leider – immer mehr aus den Augen. Sie arbeitete sehr viel und hatte keine Freizeit, in der wir uns hätten sehen können. Die Kontakte beschränkten sich auf ein paar Telefonate anlässlich unserer Geburtstage und dem einen oder anderen Anruf. Irgendwann erzählte sie mir, dass sie sich – viel zu spät – von dem vereinnahmenden Menschen getrennt hatte. Zufällig traf ich sie dann noch einmal mit ihrem neuen, sehr netten Freund in meinem Lieblingshotel in der Lounge. Sie stellte mir ihren Freund vor und erzählte mir, dass sie spontan ein Last Minute Angebot für eine Übernachtung in diesem Hotel gebucht hatten. Ich freute mich sehr über das Zusammentreffen, und auch ihr Neuer gefiel mir sehr gut. Sie hatte nach den Fehlgriffen zuletzt einen sehr sympathischen Mann kennen gelernt. Zu meinem Bedauern liefen wir uns dann im Hotel nicht mehr über den Weg.

Das war unsere vorerst letzte Begegnung. Darüber bin ich ein bisschen traurig, aber das ist der Lauf der Zeit. Ich denke dennoch öfter an sie und nehme mir vor, sie wieder einmal außer zum Geburtstag anzurufen. Doch häufig ist es der falsche Zeitpunkt, und ich kann mich nur mit dem Anrufbeantworter unterhalten, worauf ich meistens keine Lust habe.

Ich werde wieder einmal einen Anlauf zu einem Treffen nehmen, bevor die Freundschaft ganz in Vergessenheit gerät!

Gabi

Kurze Zeit nach meiner Operation lernte ich auf einer Straßenparty meine Freundin Gabi näher kennen. Wir kannten uns bereits seit fast zehn Jahren vom gemeinsamen S-Bahn-Fahren, bei dem wir meist belanglosen Small Talk pflegten. Eigentlich wollte ich nur einen kurzen Anstandsbesuch der Party abstatten, kam dann aber in ein anregendes Gespräch mit Gabi. Sie zeigte sehr lebhaftes Interesse an meiner Veränderung und wollte mehr darüber wissen. Ab diesem Treffen suchten wir einen engeren Kontakt zueinander. Ich habe sie sehr gern und großes Vertrauen zu ihr. Wir reden über unsere angenehmen und unangenehmen Erfahrungen, berufliche und private Probleme und unsere ganz spezielle Beziehung als Freundinnen – sie hatte mich ja als Mann kennen gelernt. Wir versuchen, uns alle vier bis sechs Wochen auf einen gemeinsamen Abend zu treffen, wobei sie extra betont, dass ich da einen Sonderstatus hätte; mit ihren anderen Freundinnen träfe sie sich viel seltener. Wir genießen diese Abende bei einem leckeren Essen, einem guten Glas Wein und die gegenseitige Wärme!

Weltlicher Beistand für die Seele

Als Michico's Behandlungen mich – wie beschrieben – nicht mehr erreichten, sprach ich mit Gabi, ob sie mir einen guten Therapeuten empfehlen könnte. Zu meiner Psychologin, die mich während meines Weges begleitete und Gutachterin war, wollte ich nicht mehr gehen, da dieser Lebensabschnitt für mich abgeschlossen war, und ich außerdem einen Therapeuten in Zentrumsnähe suchte. So lernte ich Karin, eine richtige Dame mit „blauem" Blut kennen, die mir im Laufe der Jahre eine gute Freundin geworden ist.

Zunächst beschränkten sich unsere Zusammenkünfte streng auf die Psychotherapie. Es darf keiner glauben, dass eine Transsexuelle mit der Operation das Ende ihres Weges erreicht habe. Man benötigt immer noch die Unterstützung eines Fachmannes / einer Fachfrau, um mit dem Ist-Zustand richtig umgehen zu können. Hinzu kam der permanente Stress mit der Firmenleitung, die versuchte, mich unter meiner Qualifikation einzusetzen, da der hiesige Geschäftsstellenleiter Angst hatte, Macht zu verlieren. So waren wir zunächst wöchentlich, später zweiwöchentlich damit beschäftigt, die Probleme aufzuarbeiten.

Sie versuchte auch sehr intensiv, mich beim Antrag zu einem stationären Kurklinik-Aufenthalt bei meiner privaten Krankenversicherung zu unterstützen. Leider erfolglos, weil die Versicherung sich querstellte und mir mitteilte, dass dafür die Rentenversicherung zuständig sei! Das traurige Ergebnis der psychosomatischen Kur über die Rentenversicherung Bund ist im nachfolgenden nachzulesen.

Üblicherweise hatte ich immer den Abschluss-Termin um neunzehn Uhr, so dass wir ein offenes Ende hatten. Eines Tages – ich hatte noch nicht zu Abend gegessen – kam ich auf die Idee, für Karin und mich ein Lachs-Sandwich bei „Gosch" zur Therapiestunde mitzunehmen. Ferner besorgte ich noch eine „halbe" Flasche Sekt, damit wir die Brötchen nicht trocken essen mussten. Karin freute sich sehr, da sie auch noch nichts gegessen hatte und sehr hungrig war. Weil die Stunden am Tagesende lagen, verloren wir nichts von der Therapiezeit, sondern hängten sie hinten an. Fortan sorgten wir abwechselnd dafür, dass wir zu unserer Zusammenkunft immer etwas zu essen und trinken hatten. Es führte sogar so weit, dass ich einen Picknick-Korb mit Geschirr, Besteck, Essen und Getränken mitnahm. Damit ich nicht immer so viel hin und her zu tragen hatte, beschloss Karin mit meiner Zustimmung, dass wir jede zweite Therapiestunde bei mir zu Hause abhalten sollten.

So entwickelte sich mehr und mehr eine Freundschaft zwischen uns. Zu besonderen Anlässen – Weihnachten,

Geburtstagen – gingen wir gemeinsam schön essen und es erfolgte meine erste private Einladung zu einer kleinen Party in meiner Wohnung. Sie stellte sich als Karin meinen Gästen vor und bot das Du an; auf mein Nachfragen erhielt ich auch das Angebot, sie duzen zu dürfen, was mir zunächst gar nicht so leicht über die Lippen ging. Sie war schließlich meine Psychotherapeutin und eine Dame in gesetztem Alter. Seither nennen wir uns beim Vornamen und duzen uns.

Vor einigen Jahren riet sie mir, Tagebuch zu schreiben, damit meine Erfahrungen nicht verloren gingen. Auch meinte sie, dass so humoristische Aussagen wie „ich bin ein Auslaufmodell" – nach einem Toilettenbesuch – nicht vergessen werden sollten. So begann ich zunächst Tagebuch zu führen, beschloss aber für mich, dass es nicht beim Tagebuch-Schreiben bleiben sollte. Ich entschied, mein Leben aufzuschreiben, soweit es mit meinem transsexuellen Weg zu tun hat.

Dann dauerte es immer noch ein paar Jahre, bis ich damit auch begann, da ich wegen starker beruflicher Auslastung nicht die Zeit zum Schreiben fand.

Gut Ding will Weile haben!

Die Abstände zu unseren Treffen werden in jüngerer Zeit unregelmäßig und die Abstände größer, besonders wenn es mir gut geht, und ich seelisch stabil bin. Aber wir genießen die Zusammenkünfte, weil sie immer eine Abwechslung im Alltag bedeuten. Ich glaube, Karin geht es ebenso, wenn ich sie wieder einmal in ein Lokal „mitschleppe", in das sie als allein stehende Dame ohne Gesellschaft nicht gehen würde. Einmal habe ich sie sogar in ein Schwulenlokal zu einer Party anlässlich meines neunten Geburtstags – in meinem neuen Leben – eingeladen. Da das Lokal eine sehr angenehme Atmosphäre auch für Nicht-Schwule hat und ferner mehrere Leute anwesend waren, die sie kannte, fühlte sie sich im allgemeinen recht wohl auf der Fete.

Sie kommt gerne zu mir zum essen. Sie ist nicht heikel und mag, wie ich koche, und betont immer, dass sie bei mir noch nie etwas gegessen hätte, das ihr nicht geschmeckt hätte. Ein schönes Lob!

Psychosomatische Kur

Durch das ständige Hickhack in der Arbeit und der Bewältigung meines transsexuellen Weges riet mir meine Psychologin zu einer Kur. Ich wollte mich einem Aufenthalt in einer Kurklinik am Chiemsee unterziehen, jedoch lehnte meine Krankenversicherung einen solchen Aufenthalt ab. Mein Fall falle eindeutig in die Zuständigkeit der Rentenversicherung. Trotz aller Begründung durch meine Psychotherapeutin gab die Versicherung nicht nach. Es wäre aber auch die erste Versicherung, die eine Leistung übernimmt, wenn sie sich davor drücken kann. Und so stellte ich einen Antrag bei der Rentenversicherung.

Nach einigen Monaten Wartezeit fuhr ich dann im Herbst 2006 zur Kur nach Bad Saulgau. Ich spürte sofort nach meiner Ankunft, dass bei vielen Patienten Unzufriedenheit mit den Zuständen der Klinik herrschte. Das Warum bestätigte sich denn auch sehr schnell, da immer wieder Therapien ausfielen wegen Unterbesetzung mit Therapeuten und Überlastung des noch einsatzfähigen Personals. Der Klinikchef war leider mit dem Aufbau seiner Privatklinik so beschäftigt, dass ihn der laufende Betrieb nur in allernotwendigstem Umfang interessierte. Auch ist er mir nur als arroganter Selbstdarsteller untergekommen.

Zur Einzeltherapie erhielt jeder Patient nur zwanzig Minuten pro Woche, während ich zu Hause in München immer über eine Stunde Behandlung pro Woche erhielt. Dazu kam, dass ich zu der mir zugeteilten Therapeutin keine Beziehung aufbauen konnte; sie war kalt wie Hundeschnauze und ließ keine Nähe zu.

Und so ergab sich, dass für mich nur sechs Wochen unbezahlter Erholungs-Urlaub bei Umsatz-Ausfall blieb. In den letzten Tagen dort musste ich zudem noch erleben, wie ein türkischer Therapeut, der bei allen Patienten sehr beliebt war, hinaus gemobbt wurde, weil er in den Augen seines Vorgesetzten nicht genügend angepasst war. Er erhielt die fristlose Kündigung und musste die Klinik umgehend verlassen, damit der Betriebsfrieden erhalten bliebe. Jedoch verschloss sich mir, ob er sich nicht etwas Ernsthaftes zu Schulden hatte kommen lassen.

Was ich besonders schwerwiegend für ihn fand: er, besser sie, war am Anfang ihres transsexuellen Weges vom Mann zur Frau, und wir hatten ein gutes Verhältnis zueinander gerade aufgebaut. Wieder zu Hause hatte Ich auch versucht, ihr bei ihrem Weg behilflich zu sein; leider war sie unzuverlässig und hielt sich nicht an Termine, die ich bei Fachleuten für sie ausgemacht hatte. Wegen dieser Unzuverlässigkeit zog ich mich zurück.

Doch so enttäuschend der Kuraufenthalt in therapeutischer Hinsicht auch war, bleiben doch ein paar angenehme Erinnerungen erwähnenswert. Ich hatte meine lieben Freundinnen Lotti und Katrin kennen gelernt, und wir pflegen auch unsere Freundschaft. Lotti ist drei Jahre älter als ich und lebt in München. Wir haben eine große Vertrautheit zueinander und treffen uns alle paar Wochen. Katrin könnte meine Tochter sein. Sie lebt zurzeit bei Heilbronn, hat seit drei Jahren einen Jungen und weiterer Nachwuchs ist gerade unterwegs. Wir sehen uns zwar sehr selten, aber wir finden doch hin und wieder die Zeit, ein längeres Telefonat miteinander zu führen. Das ist dann fast wie sich sehen!

Die Freude beim Wiedersehen vor einiger Zeit war sehr groß bei der kirchlichen Hochzeitsfeier und der Taufe des kleinen Tom, den ich damals zum ersten Mal sah. Immerhin hatten wir uns über ein Jahr nicht mehr gesehen. Katrin ist ganz begeistert von dem kleinen Mann. Er wurde an diesem Tag herumgereicht und fühlte sich dabei sichtlich wohl, wenn er nicht gerade die Brust seiner Mutter wollte. Er ist wirklich ein ganz süßer Knopf, den man einfach gern haben muss.

Dabei beobachtete ich Ilse, wie sie mit dem Kleinen lachte und herzte und dachte mir dabei, wie gut sie doch mit kleinen Kindern umgehen kann. Ich glaube, dass ich da noch einiges dazulernen muss für die eigenen Enkel-Kinder, wenn sie denn irgendwann einmal kommen werden.

Als meine Söhne klein waren, hatte ich leider nicht die Zeit, die ich gerne mit ihnen verbracht hätte. Ich musste als Alleinverdiener sehr viel arbeiten, um der damals noch jungen Familie ein Heim in angenehmer Umgebung mit guter Infrastruktur bieten zu können.

Katrin hatte mir einige Zeit vor der Feier gesagt, dass sie sich über einige „Perfomances" von mir sehr freuen würde. Sie kannte diese bis dato nur von meinen Erzählungen. Wir einigten uns auf die „Schönheitskönigin von Schneizlreuth" und „Marylin". Darüber hinaus hatte ich noch weitere Darbietungen als Überraschung vorbereitet. So war mein Kleinwagen, den ich erst kurz zuvor geliefert bekam, mit Equipment bis oben hin vollgeladen, als ich mit Ilse zu der Feier fuhr.

Es war ein herrlicher heißer Sommertag. Die Feier fand bei einer uralten Mühle im Schwäbischen statt, die von Bäumen und Wiesen umgeben ist und ein kühlender Mühlbach vorbeifließt, so dass die Hitze gut zu ertragen war. Es war jedenfalls ein wunderschönes vielseitiges Sommerfest mit vielen Einlagen und Darbietungen. Höhepunkt neben den ursächlichen Anlässen waren einmal mehr meine Auftritte, die sehr viel Beifall fanden. Meine Zugaben waren ebenfalls ein voller Erfolg: ich sang für Katrin und Roman „Wois'd a Herz hast wia a Bergwerk" von Rainhard Fendrich – die für mich schönste Liebeserklärung –, und als Zugabe mein persönliches Lied „Von nun an ging's ...", das großen Respekt und Begeisterung auslöste.

Erste Kontakte zu lesbischen Frauen - Charlena

Drei Jahre nach meiner Operation lernte ich in meiner Mittagspause in Ida's Milchladen, meinem Stamm-Imbiss, Charlena kennen, von der mir Ida schon erzählt hatte, dass diese lesbisch sei. Sie war sehr nett und strahlte mich an. Wir tasteten uns mit Augen und Worten vorsichtig ab, und ich sah mich genötigt, mich outen zu müssen. Dazu lud ich sie in ein Gartenlokal ein, damit wir uns intimer unterhalten konnten und niemand mithören konnte. Sie grinste nur, weil sie längst gespürt hatte, dass ich früher Mann war. Da ich mir damals einredete, als ehemaliger Mann nicht mehr erkannt zu werden, war ich doch ein wenig überrascht, dass sie das sofort sah und spürte.

Ich hatte das Gefühl, dass ich Charlena sehr gut gefiel und sie gerne etwas mehr mit mir haben wollte. Aber erstens mische ich mich nicht in eine bestehende Beziehung, die sie hatte, und zweitens wäre für mich nie eine – ich drücke es mal so aus – nicht feminine Frau als Beziehung in Frage gekommen. Das sagte ich ihr so auch – also war alles geklärt, dass einer guten Freundschaft nichts mehr im Weg stehen konnte.

Von da an traf ich mich öfter mit ihr, und wir unternahmen unter anderem auch Ausflüge in die Lesbenszene. Ich lernte einige Frauen kennen, doch keine gefiel mir. Frauen, die mir wirklich gefallen, habe ich weder in der Szene noch bei Veranstaltungen wie Frauenfeste und Straßenfeste getroffen.

Außer einer Ausnahme! Bei einem Frauenfest lernte ich eine Frau kennen, die nicht so maskulin wie die meisten wirkte. Sie erzählte mir von ihrem Schicksal, ihren Erfahrungen mit Männern in ihrer Familie und deren Übergriffen. Wir verabredeten uns zum Ausgehen für ein paar Tage später. Zwei Stunden vor unserem Date rief sie mich an, sie habe eine Dummheit begangen und sei betrunken, so dass sie das Date mit mir nicht wahrnehmen könne. Und das nachmittags um drei Uhr. Ich ließ aber nicht locker und sagte ihr, dass ich sie zu Hause aufsuchen würde. Nachdem sie mich eingelassen hatte, glaubte ich eine vollkommen andere Frau als ein paar Tage zuvor vor mir zu haben. Sie war nicht die adrette Frau, als die ich sie kennen gelernt hatte. Sie war wirklich total betrunken und sah verwahrlost und sehr ungepflegt aus – ebenso wie die Wohnung. Ich versuchte, mit ihr ein Gespräch zu führen, war aber so konsterniert, dass ich das auch zeigte und sie es wahrnahm. Daraufhin wurde sie ausfallend, und ich flüchtete, bevor sie handgreiflich werden konnte. Das blieb bisher meine einzige Erfahrung mit einer Lesbe. Dennoch kenne ich ein paar sehr nette lesbische Frauen, die mich ebenfalls sehr gerne sehen. Mit der Zeit wurde mir jedoch klar, dass eine lesbische Frau für mich als Beziehung eher nicht in Frage käme.

Eine neue Liebe?

Wie erwähnt empfand ich mich lange Zeit auch nach meiner Operation mehr frauenorientiert. Ich hatte auf Grund langjähriger Entbehrungen Sehnsucht nach Streicheleinheiten und Liebkosungen, die ich von Ilse nicht mehr bekommen konnte, da zwar immer noch sehr viel Liebe zu mir in ihr war und noch ist, sie aber keine Zärtlichkeiten mit mir ertragen kann, da sie mich als Mann kennengelernt und lange Jahre auch erlebt und geliebt hat.

Und dann geschah etwas!

Auf einem Jahrgangstreffen in der Nähe Würzburgs!

Ich folgte der Einladung, nachdem ich mich dem Mitschüler (Peter S.), der die Organisation des Klassentreffens inne hatte und Bürgermeister der Gemeinde ist, telefonisch geoutet hatte. Er versprach mir, nichts im Vorfeld auszuplaudern und mir die Möglichkeit zu geben, mich kurz vorzustellen, da mich in meiner Rolle als Frau noch niemand kannte, und ich meine ehemaligen Mitschüler fünfzehn und mehr Jahre nicht mehr gesehen hatte.

Beim Empfang am späteren Vormittag erteilte Peter mir nach einer kurzen Begrüßung das Wort. Ich stellte mich vor, wer ich war und jetzt bin, und erzählte in groben Zügen über meine familiären Verhältnisse und meinen transsexuellen Weg bis hin zur geschlechtsangleichenden Operation, und dass ich jetzt im richtigen Leben angekommen bin. Die allgemeine Neugierde meiner Mitschüler war zunächst befriedigt und die Reaktion sehr positiv – ich spürte keinerlei Ablehnung, was ich nicht als selbstverständlich erachtete. Falls jemand dennoch ein Problem damit hatte, so hat er dies nicht gezeigt.

Es war insgesamt ein sehr kurzweiliger Tag mit vielen Gesprächen über die früheren gemeinsamen Jahre in der Kindheit und Jugend. Einige der früheren Mitschülerinnen und Mitschüler hatte ich nach Abschluss der Schule häufiger im Lokal meiner Eltern getroffen, wo ich in meiner Freizeit mich engagierte. Natürlich war – besonders bei den Frauen – die Neugierde auf meine Gefühle und Empfindungen sehr groß, wie das jetzt so als Frau sei. Auch sparten sie nicht mit Komplimenten: ich sei die schönste Frau auf dem Klassentreffen.

Eine Tatsache war für mich sehr belustigend: die „Buben" saßen – wie in der Schule – auf der einen Seite des Saals, die „Mädchen" auf der anderen. Schön brav und sittsam getrennt. Wie früher in der Schule! Manches verliert sich nie.

Ich freute mich auch sehr, eine ehemalige Lehrerin wieder zu sehen; sie gab früher Werken und Handarbeiten. Ich kannte sie jedoch nicht als Lehrerin sondern privat; ihr Mann hatte mir Latein-Nachhilfe gegeben, und ich war damals ein wenig verliebt in sie. So war es mir auch gestattet, sie zu duzen, während die Mitschüler sie siezen mussten. Hahaha!

Eine Mitschülerin, Renate, zeigte von Beginn an jedoch mehr Interesse als allen anderen. Wir wichen während des Gottesdienstes zum Gedenken an die bereits verstorbenen Mitschüler und dem anschließenden Rundgang durch die Gemeinde uns nicht von der Seite. Sie ist mir schon immer durch ihr hübsches Äußeres aufgefallen, und ich hatte sie schon immer gemocht. Sie war in der Schule nie vorlaut, eher ein bisschen schüchtern, als Schülerin eher durchschnittlich; das war auch nicht wichtig. Sie erzählte mir, dass sie von ihrem Mann geschieden sei und ihr Interesse an Männern nicht mehr groß sei – sie sei von ihnen enttäuscht.

Das machte mich neugierig und ich fragte sie, ob sie sich ein Leben mit einer Frau wie mir vorstellen könne. Sie würde das gerne ausprobieren, war ihre Antwort und ich begann, mir Hoffnung zu machen und mich in sie zu verlieben. Ich war überzeugt, dass für mich eine mit Männern unzufriedene heterosexuelle Frau besser sei als eine Lesbe. Wir trafen uns am Tag nach dem Klassentreffen noch einmal kurz, bevor ich wieder nach Hause in zweihundertachtzig Kilometer Entfernung fuhr.

Gut, dass es für das Telefon schon die Flatrate im Festnetz gab. In den folgenden drei Wochen bis zu unserem nächsten Treffen telefonierten wir täglich zwei bis drei Stunden und turtelten wie zwei verliebte Täubchen. Ich überlegte mir damals ernsthaft, ob ich nicht nach Würzburg zurückgehen und mir eine neue Existenz aufbauen sollte, um in ihrer Nähe zu sein.

Es war Adventszeit und ich machte nach einem Besuch bei Freunden im Odenwald extra in unserer früheren Heimatgemeinde Station, um ihr eine Dose Plätzchen zu schenken, die ich mit extra viel Liebe zu ihr gebacken hatte. Beim Abschied berührten wir uns sehr zärtlich und sie streichelte mir die Brüste. Es tat mir sehr gut.

Von den Plätzchen war sie sehr begeistert, und als ich – wieder zu Hause – mit ihr telefonierte, erzählte sie von einer Maus, die die ganzen Plätzchen schon aufgefressen hätte – das Mäuschen war natürlich sie.

Wenn ich über ihre Empfindungen etwas erfahren wollte, sprach sie immer davon, dass wir uns noch näher kennen lernen müssten, und so erwog ich, bei ihr an Weihnachten übernachten zu können, während Ilse ihre Familie bei Würzburg besuchte. Renate stieß mich jedoch vor den Kopf, dass ich nicht bei ihr übernachten könne, weil sie mich zu wenig kennen würde. Von dieser Meinung ließ sie sich auch nicht abbringen. Weil ich so verliebt war und Hoffnung auf ihre Liebe hatte, buchte ich ein Zimmer in einem der wenigen Hotels, das an Weihnachten offen hatte. In Würzburg gar nicht so einfach! Sie kam dann zu mir ins Hotelzimmer, und wir tauschten unsere Weihnachtsgeschenke, die auch von ihrer Seite überaus üppig ausfielen. Als ich das Gespräch auf gemeinsames Übernachten brachte, blockte sie ab. Sie sprach auf einmal davon, ob wir vielleicht nicht doch nur gute Freundinnen bleiben sollten. Aber ich begehrte sie als Lebensgefährtin.

Die Weihnachtstage mit ihr waren leider nicht so, wie ich es mir gewünscht hatte, sondern einfach nur „ganz nett". Ich spürte, dass sie versuchte, mich auf Distanz zu halten, wollte es aber nicht wahr haben.

Wir hatten verabredet, dass sie mich über Silvester besuchen käme. Als ich wieder zu Hause war, teilte sie mir am Telefon mit, dass sie in einem Hotel wohnen werde und nicht, wie von mir als selbstverständlich angenommen, bei mir übernachten würde. Und sie werde auch nicht immer für mich Zeit haben.

Als ich sie telefonisch nicht erreichte, um mit ihr zu verabreden, wann ich sie am Zug abholen könne, reagierte sie sehr abweisend und teilte mir mit, dass sie wegen meines Drängens gar nicht nach München fahren werde. Für mich brach eine Welt zusammen. Sie hatte offensichtlich nur auf einen Grund gewartet, und sei er auch noch so gering, um mir abzusagen. Offenbar war ihre Neugier in Bezug auf einen Menschen wie mich befriedigt – ihr Spiel mit mir war für sie wohl beendet.

Nur das wollte ich noch nicht wahr haben.

Ich hatte diese Wochen nur an mich gedacht und gar nicht mehr darauf geachtet, was Ilse dabei empfunden haben musste. Ich erzählte ihr von meinem Liebeskummer, und sie zeigte mir – wieder einmal – ihre Stärke. Selbst in dieser Situation hielt sie fest zu mir, obwohl sie innerlich sehr verletzt war. So gingen wir gemeinsam am Silvesterabend in mein griechisches Stammlokal, wo wir mit einem Schwulenpärchen zusammengesetzt wurden. Absicht? Wir unterhielten uns jedenfalls prächtig und meine Trauer trat nur selten zu Tage. Ich erzählte auch von meiner unglücklichen Liebe, aber als dann zwei Stunden nach Mitternacht ein Neujahrsgruß von Renate kam, schöpfte ich wieder neue Hoffnung.

Doch es war nur ein kurzes Strohfeuer. Wir telefonierten noch einmal kurz, bevor sie Anfang Januar nach Manila zu ihrem Exmann für zehn Tage flog. Sie versprach mir, sich zu melden, wenn sie Gelegenheit hätte, da das Mobilnetz auf den Philippinen nicht sehr gut sei. Und ich wartete! Und ich wartete auch noch, nachdem sie ein paar Tage schon wieder hätte zurück sein müssen. Aber es kam kein Anruf, kein Lebenszeichen, nichts!

In meiner Verzweiflung schrieb ich ihr eine Email, in der ich meine Enttäuschung ausdrückte, aber ihr immer noch die Hand reichte. Als Antwort erhielt ich einen Angriff ihrerseits und die Mitteilung, dass sie mit mir nichts mehr zu tun haben wollte. Ihre Begründungen waren an den Haaren herbeigezogen und nicht fundiert. Ich wollte noch ein Gespräch mit ihr, aber dazu war sie auch nicht bereit.

Ich hätte ihr die Welt zu Füßen gelegt – aber sie hatte meine Gefühle nur mit Füßen getreten und mit mir gespielt – sei es aus Dummheit oder Gefühllosigkeit. Diese Affäre, die schon viele Jahre zurückliegt, hatte ich längst abgehakt, aber jetzt, wenn ich diese Zeilen schreibe, tut es doch noch ein bisschen weh, besonders wenn ich daran denke, wie ich mich zum Narren habe halten lassen.

„Salon bleu"

Durch Charlena war ich immer häufiger in der Szene unterwegs – was wollte ich abends in meiner Vorstadt-Gemeinde, wo abends die Gehsteige hochgeklappt sind. Besonders beliebt waren bei mir die Straßenfeste im Glockenbach-Viertel, weil man dort alle möglichen Schattierungen kennen lernen kann, und ich auch in dieses Milieu passe.

Vor mehreren Jahren traf sich eine größere Clique – ich mittendrin – auf dem Klenze-Straßenfest. Wir hatten einen netten Nachmittag mit allerlei alkoholischen Getränken. Zum Abschluss gingen wir in ein erst kurz zuvor neu eröffnetes Lokal. Endlich wieder sitzen! Wir aßen eine Kleinigkeit, und ich unterhielt mich sehr nett mit Charlena.

Plötzlich ging die Tür auf, und mein Traummann stand darin. Charlena kannte ihn und stellte ihn mir als Andreas vor. Da ich bereits einiges getrunken hatte und meine Zunge sehr locker war, gestand ich ihm auch gleich, dass er der Mann meiner Träume sei. Daraufhin entgegnete er mir, dass es ihm sehr leid tue, er „möge" aber keine Frauen. Ich war enttäuscht!

Kurz danach betrat ein weiterer netter Mann das Lokal, der sich als Joost, Andreas' Partner, vorstellte und sich neben mich setzte. Ich berichtete ihm, dass Andreas mir so gut gefiele, er aber keine Frauen möge. Darauf hin sagte er: „Ich schon!". Ich verstand zunächst nicht. Dann erläuterte er mir, dass er schon auch Frauen möge. Er lud mich auf eine Flasche Lugana ein und auch noch auf eine zweite, nachdem die meisten anderen schon gegangen waren. Wir waren in einer sehr schönen Weinlaune und flirteten miteinander. Danach führte er mich in den „Salon bleu", einem Partyraum in einem Dekorateur-Atelier im Hinterhof nebenan.

Auf dem Weg dorthin bekam ich meinen ersten richtigen Kuss von einem Mann, und es elektrisierte in mir. Dabei war es so einfach, und ich genoss es sehr. Es tat überhaupt nicht weh! Könnte vielleicht doch ein Mann das Richtige für eine Partnerschaft sein? Es war für mich eine Bestätigung als Frau, die mir sehr, sehr gut tat. Ein fünfzehn Jahre jüngerer Mann, der mich begehrenswert und interessant findet. Aber nichts lag mir ferner, als mich in die damals noch sehr junge Beziehung mischen zu wollen, was mir vermutlich auch gar nicht gelungen wäre. Ich freue mich jedenfalls immer sehr, wenn ich Joost sehe – und ich glaube, es geht ihm genauso. Wir mögen uns menschlich.

Doch der Abend war noch nicht zu Ende! Als Andreas mit Mezzo, einem anderen Mann aus der Clique, den ich schon kannte, gegangen waren, wollte Joost mit mir den beiden folgen. Auf Umwegen kamen wir zu einer Männer-Sauna, in der Joost die beiden vermutete. An der Kasse im ersten Untergeschoß erhielt Joost die Auskunft, dass die beiden anderen nicht da seien – und ich erhielt die Auskunft, dass Frauen hier aber nicht rein könnten.

Just in dem Moment kamen Mezzo und Andreas die Treppe herunter, während ich dem „Saunameister" in meiner Weinseligkeit erklärte, dass „mir das vor ein paar Jahren nicht passiert wäre". Allgemeines Gelächter! Diese Anekdote wird heute noch – meist aber verfälscht – immer mal wieder zum Besten gegeben.

Von da an wurde der „Salon bleu" häufig zu meinem Anlaufpunkt nach der Arbeit. Immer nette Leute – Schwule, Single-Hetero-Frauen, Hetero-Pärchen und ich – und nette Gespräche. Häufig blieben wir den ganzen Abend im Salon, manchmal gingen wir auch eine Kleinigkeit essen. Es war immer etwas los, mal Party, mal hat jemand gekocht. Jeder brachte von Zeit zu Zeit ein paar Flaschen Wein mit, aber es wurde nie nachgerechnet. Die Inhaber des „Salon bleu" waren Andreas und dessen ehemaliger Partner, der ebenfalls Andreas hieß.

Ich machte mit ihnen aus, dass ich meinen „fünften" Geburtstag gerne mit ihnen zusammen als Brunch im Salon feiern würde. Weitere Gäste waren meine Familie und andere Leute aus der Salon-Clique. Ich hatte einiges zum Essen zu Hause vorbereitet und mit Getränken in den Salon geschafft. Es war eine nette Feier, wo ich wieder mal mein Akkordeon auspacken durfte, nachdem ich zuvor zu Aller Amüsement als Prinzessin Lillifee posieren musste. Ich war schließlich erst fünf.

Doch dann gingen Andreas und Joost für zwei Jahre nach Japan – und die Clique war gesprengt. Ohne Andreas fehlte die Seele im Salon. Und meine Besuche dort wurden immer seltener. Der Salon bleu ist inzwischen aufgelöst und jetzt ein Geschäft für Herrenmode.

So ging wieder eine Ära zu Ende! Heute bestehen noch lockere Kontakte zu einigen Leuten. Man trifft sich in meinem Stammlokal oder zu irgendwelchen Events und freut sich auch darüber, wenn es allen gut geht.

Erste Erfahrung mit einem Mann

Nachdem ich zum ersten Mal einen Mann richtig geküsst hatte, fühlte ich mich reif für weitergehende Kontakte. So flirtete ich, als ich auf einer Geschäftsreise in Dortmund war, mit einem Hotelgast aus Holland. Wieder ein Holländer – mein erster Kuss, Joost, ist auch Holländer! Dessen einzige Absicht war, mich ins Bett zu bekommen, um seine Neugier zu befriedigen. Unter Einfluss von zu viel Alkohol – er lud mich zu mehreren Drinks ein – ließ ich mich dazu hinreißen, mit ihm aufs Zimmer zu gehen. Nachdem ich mich in seinem Bad ein wenig frisch gemacht hatte, wartete er schon, um mich zu vernaschen. Ich war sehr zerrissen in meiner durch Alkohol vernebelten Entscheidung: möchte ich mit ihm Sex haben oder nicht. Ich spürte zu wenig Gefühl für eine sexuelle Begegnung; ich war höchstens neugierig auf mein Verhalten. Ich warnte ihn von vorne herein, dass er nicht enttäuscht sein möge, wenn aus dem Stelldichein nichts werden würde. Er ließ nicht locker und ich ließ zu, dass er mir Strumpfhose und Höschen herunterzog. Er liebkoste meine „Muschi" nach allen Regeln der Kunst, aber es stellten sich bei mir keine Gefühle ein. Als ich ihm das mitteilte und mich zum Gehen fertigmachte, zeigte er dann doch seine Enttäuschung, ebenso wie am folgenden Morgen, als wir uns kurz beim Frühstück trafen.

Die Premiere war also gründlich in die Hose gegangen. Ich hatte es allerdings anhand der Vorzeichen nicht anders erwartet. Ich kann nicht Sex haben, ohne dass ich in den Menschen verliebt bin, und der Sex sich dann aus dem Spiel heraus entwickelt. Das konnte ich früher als Mann nicht und heute als Frau noch viel weniger. One Night Stands sind und bleiben für mich ein Fremdwort.

Bestätigung als Frau

Vor ein paar Jahren traf ich auf dem Hans-Sachs-Straßenfest einen Hotelbesitzer, den ich flüchtig von seinem Restaurant und verschiedenen Veranstaltungen kannte, und erzählte ihm, dass mein älterer Sohn mit der Tochter seiner Freundin Iris liiert ist. Drei Wochen später trafen wir uns auf dem Pestalozzi-Straßenfest wieder. Dort berichtete er mir, dass er nach unserem letzten Treffen gleich mit Iris telefoniert und ihr erzählt habe, dass er die zukünftige Schwieger-„Mama" ihrer Tochter kennen gelernt habe. Daraufhin hatte sie ihn darüber aufgeklärt, dass ich der Erzeuger ihres Schwiegersohnes in spe sei und nicht die Mama. Er war darüber sehr überrascht gewesen, da er immer davon ausging, dass ich eine biologische Frau sci. Das sagte er mir dann so deutlich: „Für mich warst Du immer Frau; an etwas anderes hätte ich nie gedacht – Dein Auftreten, Deine Gebärden, Haltung: ganz klar Frau!".

Das war bis dahin die schönste Bestätigung meines Frauendaseins!

Basti oder *das NIL – mein zweites Wohnzimmer*

Als ich vor fünf Jahren auf einem Schwulen-Straßenfest mich amüsierte, flirtete ein netter junger Mann – unverkennbar schwul – mit mir. Denselben traf ich ein paar Wochen später in dem Bierzelt „Fischervroni" auf dem Oktoberfest am „Rosa Montag", dem Schwulenevent in diesem Zelt, und kam mit ihm näher ins Gespräch. Er heißt Basti und lud mich ein, doch einmal ins „Café NIL" zu kommen, wo er Geschäftsführer ist. Und so habe ich MEIN Stamm-Lokal entdeckt. Überwiegend verkehren dort schwule Männer – also eigentlich nicht wirklich meine Zielgruppe.

Aber ich fühlte mich ab der ersten Minute wohl und bin von allen Mitarbeitern akzeptiert und geschätzt und nenne das Lokal mein „zweites Wohnzimmer". Auch der Senior-Chef mag mich sehr gern. Basti sagte mir einmal, als ich mich über einen bestimmten sehr unangenehmen und ausfälligen Stammgast sehr geärgert hatte und erwog, das Lokal nicht mehr aufzusuchen, dass er das sehr, sehr schade fände, wenn ich nicht mehr käme. Ich sei schließlich kein normaler Gast, sondern ich sei seine Freundin und für das Lokal eine Institution, und es wäre ein großer Verlust, wenn ich nicht mehr käme. Diese Aussage hat mich sehr berührt und ich versuchte, dem anderen unangenehmen Typen aus dem Weg zu gehen. Gut, dass der in der Folgezeit nur selten anwesend war. Trotz dessen Entschuldigung bin ich froh, wenn ich ihn nicht sehe, weil er immer wieder ausfallend wird, wenn er zu viel getrunken hat. Und das ist wiederum nicht selten der Fall. Im Übrigen empfinden fast alle anderen Gäste den Typen ebenso unangenehm wie ich. Auf Grund seiner ungestümen und häufig beleidigenden Art hat er nur wenige Freunde.

Im Lauf der Jahre habe ich sehr viele nette Schwule kennen gelernt, von denen ich einige zu meinem erweiterten Freundeskreis zähle. Da ist zum Beispiel „die Krankenschwester" Basti, der sich schon auch mal interessiert zeigte, mit mir in Urlaub zu fahren. Es schmeichelt mir sehr, dass so ein junger, hübscher Mittdreißiger meine Gesellschaft so sehr schätzt – wir mögen uns sehr gern, aber eben als Freunde ohne weitere Absichten. Leider kam dem geplanten Urlaub eine neue Beziehung bei ihm in den Weg. Wichtig ist es ihm aber, dass ich mich nicht als Mutter-Ersatz oder ähnliches sehe, sondern eine Freundin für ihn bin.

Manchmal treffe ich Stefan, den ich schon vor Jahren in meinem früheren Stamm-Imbiss kennen gelernt hatte. Es war auch Sympathie auf den ersten Blick. Vor einigen Tagen erzählte ich ihm in bierseliger Laune, dass ich immer mal wieder sehr traurig darüber bin, das Leben als junge Frau nicht erleben gedurft zu haben. Daraufhin fuhr er mich an, warum ich mich beklage. Ich sei mehr Frau als die meisten, die einem allgemein begegnen. Und ich könne doch froh sein, dass ich nicht all die Ängste und Pubertät habe durchleben müssen, die junge Mädchen haben. Vielleicht hat er zu einem gewissen Grad sogar recht – aber die Sehnsucht nach der verpassten Jugend bleibt dennoch. Häufig weine ich deshalb auch, wenn ich Liebesszenen im Fernsehen sehe und den Verlust spüre. So bleibt die Hoffnung, in einem späteren Leben doch noch die Erfüllung finden zu können. Der Glaube daran hilft mir jedenfalls sehr!

Ich hoffe, all die Anderen, die diese Zeilen lesen, sind mir nicht böse, wenn ich sie nicht einzeln erwähne. Ich mag sie alle, und die gleichen Sympathien zeigen sie auch mir.

Was mich jedoch durch meine häufigen Unternehmungen in der Szene immer wieder überrascht, ist die nicht seltene gegenseitige Intoleranz von Schwulen gegenüber Lesben und umgekehrt. Homosexuelle Männer werden von heterosexuellen Frauen gerne als angenehme Zeitgenossen gesehen und verhalten sich in der Regel auch sehr charmant gegenüber ihnen. Dem entgegen ist jedoch ihr Verhalten gegenüber lesbischen Frauen, die in der Öffentlichkeit sehr männlich auftreten, sehr ablehnend. Auch ich empfinde das Verhalten dieser Frauen als unangenehm, weil sie zum einen Männer ablehnen, andererseits sich jedoch männlicher verhalten als der größte Macho.
Nach dem letzten Lesben-Straßenfest kam denn auch von Schwulen die Aussage, sie hätten sich noch nie so weiblich gefühlt wie auf diesem Fest, da sehr viele lesbische Frauen sich dort wie die schlimmsten Machos verhielten. Eine vergleichbare Ablehnung gegenüber allen Männern, ob hetero oder schwul, gibt es auch bei den Lesben; häufig ist diese aber auch begründet in schlimmen Erfahrungen mit Männern in der Kindheit durch sexuelle Übergriffe von männlichen Familienmitgliedern. Damit wird das Verhalten wieder verständlich!
Ich bin jedoch der Meinung, dass es niemandem zusteht, solch ablehnende Urteile zu fällen und sage deshalb: leben und leben lassen. Ich persönlich erhalte in der Regel

von beiden Personengruppen keine Ablehnung. Von den lesbischen Frauen werde ich respektiert, manchmal auch hofiert oder auch nur geduldet. Von Schwulen werde ich als Frau geachtet, häufig auch bewundert und verehrt, in Ausnahmen aber auch um meinen Mut beneidet, den sie selbst nie hatten, sich ebenfalls ihren innersten Gefühlen zu ergeben.

Ich selbst sehe mich in gewissem Sinne als Neutrum – über den Geschlechtern stehend. Auf Grund der Tatsache, dass ich fünfzig Jahre in der Männerrolle gelebt habe, kann ich diese nie ganz verbergen. Andererseits lebe ich aber seit meinem Rollenwechsel die Frau, die schon immer in mir eingesperrt war, sehr aus und strahle das auch nach außen. Ich werde als Frau wahrgenommen, die in sich ruht – weil ich im Leben angekommen bin.

Früher hatte ich schon meine Probleme, wenn sich die Geschlechter gegeneinander ausgegrenzt haben - Männerrunden, in denen Frauen als störend empfunden wurden und, vielleicht sogar noch stärker abgrenzend, die Frauenrunden. So empfand ich es auch als verletzend, dass ich bei einer früheren Arbeitsstelle von der Gruppe Datenerfassung in bestimmten Situationen ausgeschlossen wurde, obwohl ich im allgemeinen bei ihnen sehr beliebt war. Sie ließen eben keine Männer in ihre Runde eindringen.

Für mich stellt sich deshalb die Frage: warum muss immer in männlich und weiblich gedacht werden? Geht es nicht vielmehr um gegenseitigen Respekt und Verständnis von Mensch zu Mensch? Ist unsere Gesellschaft so sehr geprägt durch die Geschlechterrolle? Da ich beide Geschlechter in mir habe, tue ich mich mit der starken

Geschlechtertrennung sehr schwer. Mir wäre es am liebsten, wenn sich alle Menschen geschlechtsunabhängig gegenseitig respektieren und akzeptieren könnten. Wohl nur ein frommer Wunsch!

Neugierde

Im Lauf der Jahre habe ich immer wieder Erfahrungen mit neugierigen Menschen gemacht. So lernte ich Leute, meist Frauen, kennen, die lediglich wissen wollten, wie Transsexuelle empfinden, was in ihnen vorgeht, wie weit sie sich outen, wie weit sie schon gegangen sind und noch gehen werden.

Was steckt hinter solch einem Schicksal? Eine Transsexuelle kennen zu lernen – wie oft hat man dazu Gelegenheit? Wenn sie genug über mich erfahren hatten, haben sie sich einfach wieder heimlich still und leise aus meinem Leben geschlichen. Und das war's!

Da man beim Kennenlernen nicht in Menschen hineinsehen kann und nicht weiß, wie sich die Bekanntschaft entwickelt, habe ich mich dann doch über Distanzierung etwas geärgert. Aber auf solche „Freunde" kann man gerne verzichten – diese Menschen waren und sind nicht wichtig und charakterlich nicht wertvoll!

Ich fühl mich sehr wohl jetzt in meiner Haut,

das hätt' ich mir anfangs nicht zugetraut

12.   *vor Euch steht nun heut' eine glückliche Frau;*

ich bin angekommen, das weiß ich genau.

Ich bin glücklich, eine Frau zu sein

Ich schau aus dem Fenster – es ist wieder einmal ein viel zu trüber, viel zu kalter Tag wie viele in diesem verregneten kalten Frühling und Frühsommer. Aber weder der Mai, der sich wie November anfühlte noch der kalte verregnete Juni können mir meine gute Stimmung vermiesen. Ich fühle mich sehr wohl jetzt elf Jahre nach meiner „Fertigstellung". Mein früheres Leben als Mann ist so weit weg wie der Mond von der Erde für die Menschen vor zweihundert Jahren. Damit möchte ich nicht sagen, dass das, was früher war, mich nicht mehr interessiert. All die Jahre mit der Familie – die Hochzeit, Geburt der Kinder, deren Heranwachsen, die treue Beziehung und Vertrautheit zu Ilse, ferner die Bühnenauftritte mit Musik, Gesang und Travestie, bei denen ich immer alles gegeben und noch viel mehr zurückbekommen habe, möchte ich nie vermissen. Das Leben hatte es nicht schlecht mit mir gemeint, ich hatte ein bewegtes und abwechslungsreiches Leben.

Wenn da nicht die „saudumme" Sache mit dem falschen Körper gewesen wäre!

Immer wieder tauchte die verzehrende Frage auf: was ist mit mir wirklich los? Kann ich mein Geheimnis für mich behalten bis zum Tod – oder muss ich doch noch mein heimliches Verlangen und meine Gefühle nach außen tragen und zu mir Stellung beziehen?
Wie sich zeigte, war der Druck dann doch zu groß. Und mein Leben verläuft heute in ganz anderen Bahnen. Ich

denke, dass ich alles richtig gemacht habe – vielleicht ein bisschen spät. Aber was hätte ich anders machen sollen, ohne meine Lieben zu sehr zu verletzen oder gar im Stich zu lassen.

Ja! Ich habe es richtig gemacht!

Es tut gut, seine Gefühle zu leben. Ich weine zur Zeit sehr häufig – zum einen aus Mitgefühl mit Menschen, die mit einem Jahrhundert-Hochwasser – schon wieder nach nur elf Jahren – fertig werden mussten und ihr ganzes Hab und Gut in den Fluten der Überschwemmung zurücklassen mussten. Andererseits rühren mich viele geringe Anlässe zu Tränen. Vielleicht sind es die Hormone, die die ganzen Gefühle verstärken, vielleicht ist es aber auch ganz einfach die Tatsache, dass ich eine Frau bin und anders empfinde als früher als Mann – und vor allem die Gefühle auch zeigen kann und nicht verstecken muss.
Vor ein paar Tagen auf einer Garten-Party – die Gesellschaft hatte sich schon auf vier Frauen und einen Mann reduziert – sprach ich beiläufig an, dass viele junge Frauen gar nicht wüssten, wo bei Ihnen der G-Punkt liegt, weil den meisten Männern nur ihr persönliches Vergnügen wichtig ist und die Frau dabei zu kurz kommt. Daraufhin entrüstete sich der Mann, dass wir Frauen immer nur forderten, dass nur wir Frauen wichtig seien. Dieser Gefühlsausbruch in dieser Art überraschte mich ein wenig. Wir versuchten ihm zu erklären, dass das nicht nur Fordern ist, sondern Frauen eben über ihre Gefühle sprechen. Als Konsens der Diskussion kam letztlich heraus, dass in unserer Generation die Erziehung von Jungs in

den meisten Fällen so verlief, dass sie zum rationalen Leben geführt wurden und keine Gefühle zeigen durften: ein Junge weint nicht, er muss hart sein.

Und das war und ist falsch! Wenn wir einfühlsame Männer möchten, müssen sie in ihrer Kindheit auch schon an den Umgang mit Gefühlen herangeführt werden und auch weinen dürfen, wenn sie sich verletzt fühlen.

Dennoch wird diesbezüglich immer ein Unterschied zwischen Frauen und Männern bleiben, da das Gehirn von Frau und Mann verschieden aufgebaut ist. Dazu erklärte mir eine erfahrene Ärztin, die mit einem Neurochirurgie-Chefarzt verheiratet ist, dass diese Gehirn-Unterschiede erst in den 1970er Jahren erkannt wurden. Zuvor ging die Medizin davon aus, dass beide Gehirne gleich aufgebaut seien. Von Kriegsverletzungen am Kopf wusste man, wie das männliche Gehirn aufgebaut ist und bildete diese Erkenntnisse auf die Frau ab, bis man schließlich entdeckte, dass dem doch nicht so war.

Seit mehr als fünf Jahren ist das „Café NIL" mein Stamm-Lokal. Überwiegend verkehren dort schwule Männer – also eigentlich nicht meine Zielgruppe. Aber ich fühlte mich ab der ersten Minute wohl. Das Café ist für alle Menschen offen. Außer Schwulen trifft man dort auch lesbische Frauen, Heterosexuelle und alle anderen Spielarten des sexuellen Zusammenlebens an. Es geht gesittet zu und außerdem ist es nicht so schlimm, wenn zwei Männer miteinander knutschen. Jedenfalls unterscheidet es sich sehr von anderen einschlägigen Schwulenkneipen, in denen es teilweise sehr eigenwillige Spielchen gibt, und die nur „Men only" sind. Ich war einmal in einer solchen Schwulen-Kneipe, der ältesten in München, zu einer Geburtstagsfeier eingeladen, bei der noch weitere Frauen anwesend waren. Ich habe mich nicht sehr wohl gefühlt angesichts des vorhandenen Spielzeugs wie Käfig und Ketten – jeder wie er es mag. Ebenso hörte ich von eigenwilligen Einrichtungen wie Schwulen-Sauna und Dark-Room, die ich nicht kennen lernen muss – und in die ich sowieso nicht mehr eingelassen werden würde.

Aber so ist das NIL nicht! Häufiger habe ich dorthin schon Freundinnen mitgenommen, die sich sehr wohl gefühlt haben. Es ist für eine Frau sehr angenehm, von jungen Männern umgeben zu sein, die einem Charme und Komplimente zukommen lassen, ohne dass es belästigend werden kann, da diese ja keine Absichten bei einer Frau haben.

Zum einen ist es das, was mich im NIL so angemacht hat, zum anderen könnte aber auch der richtige Mann kommen, der so einen Menschen wie mich näher kennen lernen und eine Beziehung haben möchte. Doch das steht nicht im Vordergrund. Vordergründig ist, dass ich immer sehr nette Gesellschaft finde, mich mit dem Personal sehr gut verstehe und mich gut unterhalten kann. Und den richtigen Mann kann man überall und nirgends kennen lernen, ob in der Straßenbahn, im Supermarkt an der Kasse, im Restaurant oder – wie mir vor kurzem eine Bekannte erzählte – auf Exerzitien in einem Kloster.

Sicher gibt es auch wie überall Ausnahmen von Menschen, die man nicht in seiner Umgebung schätzt – aber die sind Gott sei Dank selten im NIL vertreten, und man kann auf Grund der Größe des Lokals ihnen auch aus dem Weg gehen.

Es ist mir einige Male passiert, als ich Zufriedenheit aus-
strahlend in meiner Stammecke an der Theke saß und
mir die anderen Gäste anschaute, dass verschiedene vornehmlich junge Männer auf mich zu kamen und mich
ansprachen, dass ich so eine tolle Ausstrahlung habe.
Solche Komplimente ehren mich ungemein und machen
mich auch ein wenig verlegen. Doch sicher ist das die
Zufriedenheit, die ich zeige, weil ich – endlich angekommen als Frau – in mir ruhe und diese Gelassenheit nach
außen sichtbar trage. Solche Erfahrungen tun mir jedenfalls sehr gut und schmeicheln mir. Und, wie gesagt, sind
es häufig junge und nicht selten sehr attraktive Männer,
die mich ansprechen. Dann stelle ich fest, dass ich immer
noch interessant bin und nicht zum alten Eisen gehöre.

Manchmal sprechen mich auch Männer an, die ich ein
wenig kenne, und drücken mir Ihre Bewunderung aus,
dass sie es toll finden, wie ich meinen Weg gemeistert
habe, der doch mit so viel Überwindung, Diskriminie-
rung, Verluste und Entsagungen gepflastert war. Und
dass ich mir die Zuneigung meiner Familie erhalten
konnte. Dass Frau und Söhne nach wie vor zu mir stehen
und mich lieben, so wie ich bin.

Bei solchen lieben Worten bin ich dann sehr gerührt und
nicht selten den Tränen nahe, weil keiner außer mir wissen kann, was wirklich in mir vorgegangen war.

Ich versuche immer die Bewunderung der Leute ein wenig abzuschwächen, in dem ich betone, dass ich ja gar
keine andere Wahl hatte, als meinen Weg zu Ende zu
gehen. Dennoch habe ich deren höchsten Respekt und
Bewunderung. So ist sicher auch zu verstehen, dass
nichts umsonst war und die Veränderung auch im fortge-

schrittenen Alter richtig war. Ich bereue kein bisschen meinen Rollenwechsel. Endlich darf ich Ich selbst sein!

Übrigens ist das auch immer wieder eine an mich gestellte Frage, ob ich es je bereute, den Schritt gemacht zu haben. Darauf antworte ich stets, dass ich gut vorbereitet in die Operation gegangen bin und mir sehr wohl klar war, dass der Schritt irreversibel ist, und dass ich mir beim besten Willen kein Leben als Mann mehr vorstellen könnte. Das ist schon viel zu weit weg, als dass ich noch einen Gedanken daran verschwenden könnte. Es ist alles so richtig wie es jetzt ist!

Der Aufenthalt in der Szene hat allerdings auch die Konsequenz, dass mich Leute als Transvestiten betrachten, weil ihre Gedankengänge nicht so weit reichen, dass sich auch Transsexuelle in solchen Lokalitäten aufhalten könnten. Meist ist es so, dass ich gemustert werde, dann folgen Getuschel mit dem Nachbarn oder vermeintlich wissendes Grinsen in meine Richtung, wozu ich nur lächle und mir meinen Teil denke. Die ersten Jahre nach meinem Rollenwechsel hätte ich vielleicht sehr verletzt reagiert.

Aber heute sehe ich das nicht mehr so verbissen. Ist ja nicht so wichtig! Hauptsache, ich weiß, wer und was ich bin!

Doch das Glück ist nicht grenzenlos!

Da sitzt immer noch eine tiefe Trauer – ja sogar Wut – in mir drinnen, weil ich nicht von Anfang an im richtigen Körper geboren wurde. Oder dass ich wenigstens dreißig Jahre später zur Welt gekommen wäre, zu einer Zeit, in der ich den Weg schon in der Jugend hätte gehen können mit allen Vorteilen, die sich daraus ergeben: Entwicklung bereits als Mädchen und ein femininerer, zierlicherer Körperbau.

Da dieses aber nicht zu ändern ist, mache ich das Beste aus meinem jetzigen Leben – besser spät als nie!

13. *Ich mach Euch alle an,*

    egal – ob Frau – ob Mann!

Einmal Bühne – immer Bühne
Wiedergeburt der Travestie – jetzt allerdings als Parodie

Nachdem ich meine „Verwandlung" hinter mich gebracht hatte und mich in meinem neuen Ich wohl fühlte, beschloss ich, wieder einmal einen Ausflug für ein verlängertes Wochenende ins Tannheimer Tal in Tirol zu machen, wo wir mit Familie über fünfzehn Jahre lang sehr häufig in einer Frühstücks-Pension sowohl im Sommer als auch im Winter Urlaub machten. Ilse und ich und später auch unsere Söhne haben dort auch das Ski-Fahren gelernt. So hatten wir einen sehr starken Bezug zu diesem Ort und uns mit unseren Wirtsleuten angefreundet. Zum Essen gingen wir häufig in das Hotel nebenan, ebenso in die dazugehörige Gams-Bar.

Im Vorfeld hatte ich an die Wirtsleute der Pension einen Brief geschrieben, in dem ich ihnen meine Transsexualität erklärte. Nachdem ich von Luzie eine sehr positive Resonanz erhalten hatte, die nicht unbedingt von Leuten in solch ländlicher Region zu erwarten war, buchte ich einen Kurz-Urlaub. Ich wurde mit offenen Armen aufgenommen und fühlte mich sehr wohl. In diesen Tagen traf ich auch den Hotel-Chef von nebenan, bei dem wir früher, als er noch selbst am Herd stand, Abende an der offenen Kochtheke verbracht hatten, und gab mich zu erkennen. Er war sehr charmant und forderte mich auf, doch einmal im Hotel einen Urlaub zu buchen; er würde sich sehr darüber freuen und mir ein gutes Angebot machen.

So kam es, dass ich zwei Monate später eine Woche Wellness im Hotel „...liebes Rot-Flüh" verbrachte. Es war gerade Fußball-Europa-Meisterschaft und das gesamte Führungspersonal traf sich in der zum Kino umfunktionierten Gamsbar zum Spiel Österreich gegen Deutschland, das Deutschland – mit Glück – gewann. Der Hotel-Chef hatte aber schon im Voraus angekündigt, dass – egal wie das Spiel ausgeht – auf jeden Fall gefeiert wird. So bekam ich sofort zu mehreren wichtigen Mitarbeiten des Hotels Kontakt und wurde wie selbstverständlich als dazugehörig aufgenommen.

Die ersten Tage des Urlaubs hatte ich meinen jüngeren Sohn als Begleitung, der aber bereits abgereist war. Nach einigem Alkoholgenuss fragte mich die Sommelière, ob sie mich etwas Persönliches fragen dürfe. Da ich sehr offen mit meiner Transsexualität umgehe, beantwortete ich die Frage danach ohne Umschweife. Darüber hinaus wollte sie aber noch wissen, wie der junge Mann, den ich die ersten Tage bei mir hatte, zu mir stehe – ob er mein Lover sei. Nachdem ich ihr erzählt hatte, dass er mein Sohn sei, erzählte sie mir mit Begeisterung, wie hübsch sie ihn fände und wie sehr von ihm angetan sei. Als ich dann aber erzählte, dass er in festen Händen war, war sie dann doch etwas enttäuscht.

Ich habe diesen Urlaub sehr genossen, da ich, auch wenn ich im Prinzip solo war, nie allein war und sehr schnell zu Personal und anderen Hotelgästen Kontakt bekam. Ich werde eben auf Grund meines Andersseins und meiner offenen Art gerne als Paradiesvogel betrachtet. So wurde dieses familiär geführte Hotel für mich zum Lieblingshotel, und es ist immer ein bisschen „nach Hause kommen", wenn ich dort Urlaub machte.

So ergab es sich, dass ich vor einigen Jahren die Stammgäste-Woche buchte. Das Überraschungs-Programm für uns Gäste war sehr abwechslungsreich. Nachdem wir zum Jochstadl mit sechzig Personen gewandert waren, erwartete uns eine wunderbare Alm-Brotzeit mit hausgemachten Wildspezialitäten und lange gereiftem Käse sowie sehr gute Weine; zur Begrüßung gab es einen vorzüglichen Erdbeer-Schnaps.

Der Almwirt war früher selbst als Musiker durch das Tal gezogen und hatte alle möglichen Musikinstrumente zur Hand – unter anderem ein Schifferklavier, nach dem ich mich bei der Ankunft erkundigte.

Nachdem einer der Hotelsöhne sein Können auf einer „Steyrischen" zum Besten gegeben hatte, forderte mich der Wirt im Außerferner Dialekt auf: „Jetz bischt du dra!" und drückte mir das Akkordeon in die Hand. Jetzt war also ich dran! Der Wirt begleitete mich auf der Gitarre, und wir hatten eine tolle Stimmung – die Hütte bebte!

Da die Leute so begeistert waren, beschloss ich, an einem Abend, für den es noch kein Programm gab, Showtime zu machen. Das sprach ich mit der Chefin des Hauses ab und rief Ilse an, damit sie mir meine Travestie-Kostüme und Karaoke-CDs mitbringen solle, wenn sie wie geplant am Freitag anreisen würde.

Sechs Jahre war ich in meinen Travestie-Rollen nicht mehr aufgetreten, um in meiner Rolle als Frau glaubhaft zu sein. Nur jetzt war es keine Travestie mehr, sondern Parodie. Etwa zweihundert Zuschauer – Gäste und Personal - waren in der Hotelhalle zu meinem Auftritt anwe-

269

send. Der Erfolg war so überwältigend, dass meine Auftritte in den folgenden Jahren zur festen Einrichtung der Stammgäste-Woche wurden. Für mich waren der Erfolg und die tolle Stimmung Bestätigung, dass ich es immer noch kann. Als Dankeschön wurden meine Aufführungen durch einen Hotelgutschein entsprechend honoriert.

Zwei Jahren später – es war wiederum Stammgäste-Woche – hatte mein persönliches Lied „Von nun an ging's..." Premiere. Das Lied, das diesem Buch als Gliederung und Rahmen zu Grunde liegt.
Der Haus-Pianist Georgie hatte leider Urlaub. So begleitete mich ein Hotelgast auf dem Flügel, der das Stück am Nachmittag extra mit mir einstudiert hatte. Die Resonanz war von nachdenklich über anerkennend bis enthusiastisch. Mir wurde größter Respekt zuteil für den Mut, diesen so steinigen Weg gegangen zu sein, und mich in der Öffentlichkeit mit diesem Lied dazu zu bekennen.
Wenn ich die Jahre danach in dem Hotel Urlaub machte, war es selbstverständlich, dass ich immer irgendwelche Einlagen singen durfte - unabhängig von großer Showtime. Wenn ich nach dem Abendessen Georgie, den Haus-Pianisten begrüßte, kam gleich die Frage, was wir denn zusammen machen wollten. Leider hat der Pianist mittlerweile das Hotel verlassen. Diese Auftritte riefen bei den Gästen immer Erheiterungen hervor und sie wollten mehr hören. Es machte mir immer sehr viel Spaß.

Ich entdecke mein altes Klavier für mich neu

Lange Jahre habe ich mein Klavierspiel – wenn überhaupt – auf meinem Keyboard gepflegt, bei dem allerdings die Tasten keine Gewichtung haben, das heißt, dass
der Anschlag wesentlich leichter als beim Klavier ist.
Mein über 115 Jahre altes Klavier stand seit 35 Jahren
nur als Möbelstück und Ablage im Wohnzimmer herum,
und es kam die Überlegung, ob ich es wieder herrichten
lasse oder entsorge. Es war innerlich total marode und
schon lange nicht mehr zu stimmen. Total schräg in den
Tönen – schlichtweg nicht mehr bespielbar!
So bestellte ich einen Klavierbauer, der das gute Stück in
Augenschein nahm. Nach erster Begutachtung meinte er,
dass da nur noch ein Klavier komplett in die alte Hülle zu
bauen sei. Nachdem mir das zu teuer war, überlegte er
noch einmal und begann den Rahmen zu untersuchen.
Dabei stellte er fest, dass der Rahmen noch genügend
Spannung hat, und somit eine Generalsanierung noch
möglich sei, die weniger als die Hälfte als sein erstes Angebot kostete. Ich beauftrage ihn damit, und nach acht
Wochen hatte ich das gute alte Stück wieder in meinem
Wohnzimmer.
Es hat sich gelohnt!
Durch den großen Resonanzkörper hat es einen Klang
wie ein Stutzflügel. Die Elfenbein-Auflagen auf der Klavi-
atur waren weiß gebleicht, und innen war alles neu. Aber
äußerlich hatte es noch die Patina, wie von mir auch gewollt. Man darf sehen, dass es sehr alt ist.
Mit Klavierspiel kann man soviel Gefühl ausdrücken, sei
es als Begleit-Instrument zu meinem Gesang oder auch

instrumental. Meine Freundinnen und ich lieben es, wenn ich ihnen bei einem Besuch etwas vorspiele. Gerne spiele ich aber auch nur für mich, hänge meinen Gedanken nach und lasse meine Seele dabei baumeln.

Schreiben

Und – last but not least – habe ich das Schreiben für mich entdeckt: zum einen über Menschen wie mich zu erzählen und zu informieren, zum anderen eine Hilfestellung für jene zu geben, die für sich selbst Hilfe suchen.

Eins, zwei, drei im Sauseschritt...
Noch einmal durch mein Leben in aller Kürze

Abschließend möchte ich noch einmal das Ergebnis meiner Veränderung zum eigenen Ich zusammenfassen:
Ich hatte eine schöne Kindheit, auch wenn meine Eltern wegen des Geschäfts wenig Zeit für uns Kinder hatten. Zu meinem Vater hatte ich eine innigere Beziehung als zu meiner Mutter, was bei dem zweiten Kind aber nicht selten ist. Dennoch glaube ich, dass das auch durchaus mit meiner damals noch nicht bewussten Geschlechtsrolle zu tun hatte. Mädchen haben häufig zu ihrem Vater eine besondere Rolle, schon allein um das Spiel mit dem anderen Geschlecht zu üben.
In meinem Bruder hatte ich einen Verbündeten, der mir immer beistand, wenn ich Hilfe brauchte – der große Bruder eben. Wir verstanden uns immer, auch wenn wir in der Jugend beim Helfen zu Hause stritten, wer was zu machen hatte. Über meine sexuellen Gefühle konnte ich aber auch nicht mit ihm reden – er hätte mich wohl nicht verstanden und mich ausgelacht. Mit dieser Angst im Bauch hielt ich meinen Mund!
Leider haben wir uns dann später als Erwachsene, allein schon wegen der Entfernung von fast dreihundert Kilometern, etwas auseinander gelebt. Er zeigt heute zwar nicht, dass er Probleme mit meiner Veränderung hat, dennoch habe ich nicht das Gefühl, dass er mich je verstehen wird. Es besteht bei ihm und seiner Frau keinerlei Interesse an meiner Entwicklung und meinem Empfinden als Frau. Sie wichen lange dem Thema aus, wenn ich

darauf zu sprechen kam. In jüngerer Zeit haben wir aber wieder näher zueinander gefunden.

Nach der Entdeckung meiner Transsexualität entschied ich mich, die Tatsache zu verdrängen – in der Hoffnung, dass dieses Verlangen vorübergehend sei. Ich hatte nur einen einzigen Artikel in einer Illustrierten über Transsexualität gelesen, ohne weitere Hintergrundinformation. Die Begleitumstände machten mir Angst: hohe Kosten, Lebensrisiko und ein Leben im Rotlichtmilieu ohne Familie. Dass ein „Aussitzen" des Problems nicht möglich ist, konnte ich damals als Jugendlicher nicht wissen und hatte auch keinen Menschen, dem ich mich hätte anvertrauen können. Ich war mit meinen sexuellen Gefühlen allein!

Also versuchte ich ein ganz „normales" Leben als junger Mann. Da ich mich zu Frauen hingezogen fühlte, und diese mir als Musiker zuflogen, ist es mir auch weitgehend gelungen, den Mann zu leben. Weil ich es nicht anders kannte, dachte ich, dass die weiblichen Gefühle nichts Außergewöhnliches seien und irgendwann vergehen würden – wenn ich heirate, später: wenn ich Vater würde, und so weiter. Meine Weiblichkeit lebte ich nur sporadisch, vor allem heimlich.

Vornehmlich verhielt ich mich typisch als Macho, damit ja nichts nach außen dringen könnte, was mir schließlich über fünfunddreißig Jahre gelang. Trotz meiner Faschings- und Travestie-Rollen kam niemand auf die Idee, dass ich etwas anderes als ein Mann sei.

Das Gefühl, im falschen Körper zu stecken, empfand ich durch die Verdrängung nicht wirklich, wie es viele andere Transsexuelle fühlen. Vermutlich spielte dabei die Verdrängung dieser eine große Rolle. Die Frau war verborgen und meldete sich nur dann, wenn sich eine Gelegenheit bot, in die Frauenrolle zu schlüpfen. Mein Leben verlief somit wie das der meisten Männer: mit Bundeswehr, Familie gründen und dafür zu sorgen, dass die Kinder wohlbehütet aufwachsen konnten. Leider hatte ich, als die Kinder klein waren, nicht die Zeit, die ich gerne mit ihnen verbracht hätte.

Ich hatte geglaubt, dass ich das Geheimnis um meine Sexualität mit ins Grab nehmen könnte. Ich hatte immer Angst, dass alles, was ich mir aufgebaut hatte, mit einem Schlag vernichtet wäre, wenn ich mit der Wahrheit ans Tageslicht gehe. Also suchte ich mir Ablenkung durch Band, Musical, Sportverein und Kommunalpolitik. Als dann doch der innere Druck stärker wurde, glaubte ich mit Travestie diesen in den Griff zu bekommen, was auch ein paar Jahre funktionierte.

Durch das Zurückdrängen der weiblichen Gefühle verschwammen diese so sehr, dass ich mir letztendlich nicht im Klaren war, was ich wirklich bin. Ich verstand mich vor meinem Outing als Transvestit. Meine begleitende Psychotherapeutin erklärte mir später, dass der Verlauf bei Transsexuellen meiner Generation durchaus häufig in der Art verläuft.

Doch dann kam der Moment, wo ich feststellte, dass ich mit meinem Geheimnis nicht mehr leben kann und will. Durch das Zulassen der Frau in mir nach dem Outing zeigte sie sich mir, und mir wurde klar, dass ich schon immer Frau war und nur noch als Frau leben kann.

Das ist nun über fünfzehn Jahre her, und ich bin endlich in meinem Leben angekommen! Es gab viele Probleme zu überwinden, die ich letztendlich alle gemeistert habe. Dabei hat Ilse immer zu mir gehalten und mich auch unterstützt. Wir haben zwar eine andere Form von Partnerschaft, sind aber immer noch tief verbunden; ebenso habe ich ein sehr gutes Verhältnis zu meinen Söhnen und ihren Frauen. Wir sind eine intakte Familie. Ich liebe meine Frau mehr als alles auf der Welt und bin ihr sehr dankbar, dass sie immer zu mir gehalten hat.

Sie ist der wertvollste Mensch in meinem Leben!

Und da sie mit mir alle noch so unwegbaren Klippen durch meine Veränderung zur Frau überwunden hat, muss sie mich ebenso lieben wie ich sie – obwohl ich ihr ihren geliebten Mann Bruno weggenommen habe.

Ich fühle mich sehr wohl als Frau und strahle das auch aus. Doch geht es mir wie vielen Frauen meines Alters: es ist nicht immer einfach, mit dem Alter zurechtzukommen, auch wenn man 10 Jahre jünger aussieht und wirkt. Da ich das Leben als junge Frau nicht erleben durfte, wünsche ich mir nichts sehnlicher, als im nächsten Leben – wenn es denn eines gibt – von Anfang an als Frau auf die Welt zu kommen, um das alles als Mädchen und junge Frau erleben zu können, was mir in meinem Leben versagt blieb – auch wenn ich auf meine Weise sehr schöne Zeiten als junger Mann – mit Abstrichen – erleben durfte.

Doch war ich nie ein „richtiger" Mann wie andere!

Übersensibel vergieße ich viele Tränen, wenn ich eine Liebesszene im Fernsehen sehe oder über meine verpasste Jugend als Frau sinniere.

In punkto sexueller Orientierung bin ich inzwischen auch gereift. Ich weiß heute, dass ich Frauen deshalb begehrte, weil ich gerne ihren Körper gehabt hätte – aber sie auch als Gefährtin mochte. Während ich in meinem Leben als Mann mich zu Männern nie hingezogen fühlte, hat sich meine sexuelle Orientierung inzwischen relativiert. Es ist allerdings sehr schwer, einen Mann zu finden, der äußerlich zu mir passt – groß und kräftig mit Schultern zum Anlehnen – und genau so jemanden wie mich sucht. Ich könnte mir einen Mann zum Liebhaben vorstellen, bei dem ich Zärtlichkeiten und Liebkosungen bekomme, die ich schon sehr vermisse, da Ilse mir diese nicht mehr geben kann. Den müsste ich mir aber wohl „backen"!

Falls mir der Richtige nicht mehr über den Weg laufen sollte, bin ich dennoch zufrieden. Trotz aller Unebenheiten meines Weges bin ich in mir angekommen. Ich habe mehr erlebt als viele andere Menschen je erleben werden. Und ich habe auch zwei Leben gelebt.

Ich habe allerdings auch mein Leben als Mann mit vielen Highlights krönen dürfen. Da war die Eheschließung mit Ilse in sehr jungen Jahren, die jetzt schon über vierzig Jahre fortbesteht. Dann kamen die Geburten der zwei Söhne, die mich mit Stolz erfüllen und eine Bereicherung meines Lebens darstellen. Auch die Bühnenauftritte mit Bands und später auch mit Travestie möchte ich so wenig missen wie die vielen Veranstaltungen, bei denen ich unter anderem mit meinem Akkordeon zur Unterhaltung beitragen konnte. Besonders hervorheben möchte ich dabei meinen größten Bühnenerfolg bei „Jesus Christ Superstar" als „King Herod"; die Glücksgefühle, die ich dabei und danach empfunden habe, sind einfach unbeschreiblich.

Und doch ist mein Glücklichsein nicht grenzenlos – hierzu noch folgende abschließende Gedanken:

Ich fühl mich sehr wohl jetzt in meiner Haut: das klingt so einfach und ist doch so kompliziert. In mir steckte tief im inneren doch immer die Frau, die ich nicht leben durfte, weil die Gesellschaft es unter „normalen Bedingungen" nicht zuließ. Deshalb musste ich fast fünfzig Jahre alt werden, bis ich meinen Weg gegangen bin.

Früher habe ich junge hübsche Frauen verehrt, weil sie mir gefielen, und ich gerne in ihre Haut geschlüpft wäre. Es passiert mir aber immer öfter, dass ich mich über solche Frauen aufrege, weil sie ihre Attraktivität aus falsch verstandener Emanzipation und Selbstgefälligkeit benutzen, rücksichtslos ihre Vorteile zu ergattern. Dabei stelle ich häufig eine große Arroganz und Respektlosigkeit fest.

Von vielen Schwulen werde ich bewundert, weil ich all den Mut und die Kraft zu meiner persönlichen Veränderung aufgebracht habe – obwohl ich doch nur durch meinen Weg mein Leben gerettet habe. Aber habe ich es wirklich gerettet, oder ist nicht immer noch ein Stück Sehnsucht nach dem Tod in mir, weil ich in jungen Jahren nicht sein konnte, was ich doch war? Darunter leide ich doch sehr: beim Anblick einer schönen jungen Frau, bei Liebesszenen in der Realität und im Fernsehen.

Und dennoch:

Jetzt bin ich Frau – und darüber überglücklich!

HURRA! Ich lebe!